JN388206

돈이 들어오는 자리를 UP 시키는 우리집 風水(풍수)

● 돈이 들어오는 자리를 UP시키는 우리집 風水

초판발행일 2005년 2월 1일 **2판2쇄** 2010년 2월 22일 **지은이** 이성천
편저자 이성천 **펴낸이** 문금주 **펴낸곳** 도서출판 문원북
전화 (02) 2634-9846 **팩스** (02) 2635-9846 **이메일** wellpine@hanmail.net
출판등록 1992년 12월5일 제4-197호 **디자인** 디자인 일 design_il@naver.com

●

ISBN 978-89-7461-218-4

●

본 책에 실린 모든 내용, 그림, 디자인은 저작권보호를 받으며,
무단 복제시 민사상 손해배상과 형사상 처벌을 받습니다.

잘못된 책은 구입하신 곳에서 바꿔 드립니다.

돈이 들어오는 자리를 UP시키는 우리집 風水

지은이_ 이성천

문원북
BOOK

머리말

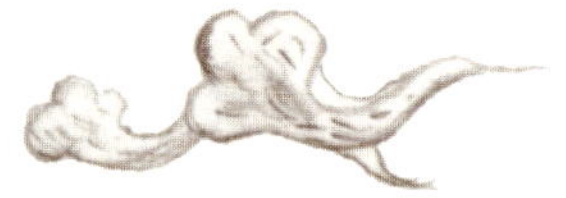

옛날 중국의 부잣집들은 유명한 강서의 풍수사(風水師)들을 초빙하여 집에 모시는 풍습이 있었다. 전설에 의하면 광동 어느 지방에 포도덕(布道德)이라는 부자가 있었는데 슬하에 자손들이 넘치고 고리대와 기생집, 도박장 등을 운영하여 재산을 긁어모으고 있었다. 사람들은 그를 부도덕(不道德)이라 불렀다(중국어에서 布자와 不자는 그 음이 같다).

부도덕의 아버지는 청년 시절에 매우 가난했었다. 그러나 매우 정직하고 부지런했으며 특히 남을 잘 돕곤 했다. 그러던 어느 날 우연히 강서의 한 풍수사를 만나게 되었는데 그는 좋은 묘터를 골라주면서 조상의 유해(遺骸)를 이장하라고 했다.

반신반의하며 이장을 했지만 얼마 뒤부터는 재산이 점점 불어나기 시작했다. 부도덕의 아버지는 그 이후부터 강서의 풍수사들을 극진히 대접했으며 자신이 세상을 뜰 때에도 자손들에게 풍수사들을 정성껏 모시도록 신신당부하였다.

부도덕도 아버지의 유언대로 풍수사들을 만나면 집으로 모셔 성의껏 대접을 했다. 그후 강서의 한 풍수사가 오랫동안 그의 집에 머물게 되었는데 그 대접이 첫날과 다름이 없었다. 풍수사는 극진한 대접을 받으면서 빈둥거리는 것이 마음에 걸려 여러 차례 떠나겠다고 했지만 부도덕은 그때마다 좋은 말로 만류했다. 풍수사는 주변 사람들이 풍수를 보아달라고 요청하면 할 수 없이 들어주었고 책을 벗삼아 나날을 보냈다.

어느덧 풍수사가 부도덕의 집에 머문 지 10여 년이 지나 이제 고향으로 돌아가서 만년을 보내기로 결정하였다. 그는 떠나기 전에 부도덕에게 말했다.

"이 몸이 늙어 더이상 아무 일도 못할 형편이니 고향으로 돌아가겠습니다. 떠나기 전에 그 동안 베풀어주신 은혜에 보답코자 한 가지 말씀을 드리겠습니다. 이 땅의 왕기가 곧 끝나므로 좋은 택지를 물색해 그곳에 집을 지어야 가운이 쇠퇴하지 않고 부귀할 수 있습니다."

부도덕은 풍수사가 이미 물색해 놓은 택지를 보고 매우 만족해 했다. 그리고 길일(吉日)을 택해 주택의 기초를 세우기 시작했다.

풍수사는 정면의 청사(正廳)는 반드시 초가 지붕으로 만들어야 하고 만약 기와를 올리면 풍수의 도리에 맞지 않는다고 알려주었다. 바로 그때 그곳을 지나던 그 지방의 풍수사가 이 말을 듣고는 허튼 소리라고 일축하였다. 기와가 좋을 뿐만 아니라 돌문, 돌 창문, 그리고 돌사자 한 쌍까지 세워야 하며 만약 강서 풍수사의 말처럼 초가 지붕을 올린다면 후대가 가난해진다고 말했다.

강서의 풍수사가 다시 기와를 덮고 돌문, 돌 창문, 돌사자를 세운다면 부귀할 수 없을 뿐만 아니라 후손이 끊길 수 있다고 간곡하게 말했다. 강서의 풍수사가 다시 한번 자신의 주장을 되풀이했지만 부도덕은 그의 말을 들으려 하지 않았다. 이에 강서 풍수사는 이튿날 고향으로 돌아갔다.

7~8년이 지났지만 강서의 풍수사는 여전히 그 일이 마음에 걸렸다. 하루는 큰맘먹고 길을 떠났다. 부도덕의 마을에 도착했을 때는 이미 날이 저물었는데 자신이 부도덕을 위해 골라준 택지에서는 저녁 짓는 연기가 무럭무럭 피어오르고 있었다. 그곳에서는 몰락의 현상은 보이지 않았다. 노인은 혼자 중얼거렸다.

"내가 정말로 틀렸단 말인가?"

그는 포씨네 새 집터를 향해 발길을 재촉했다.

집안에 들어서서 아무리 둘러보아도 부도덕의 식구는 한 명도 보이지 않았고 모두가 낯선 얼굴들뿐이었다. 그들에게 사정을 물으니 부도덕의 일가는 모두 전염병에 걸려 죽고 지금은 모두 새로 이사 온 외지 사람들뿐이라고 말했다

풍수사는 비통함에 잠긴 채 10년 동안이나 은혜를 베풀어준 부도덕의 명복을 빌었다. 그리고 마음속으로 불평을 토로하였다.

'하느님, 모두들 당신은 높이 서서 멀리 내다보시며 공정하고 공평하시다 말하였습니다. 그 옛날 부도덕 가문이 자자손손 부귀할 수 있다는 저의 주장과 멸망으로 이끈다는 다른 사람의 주장 중에서 당신은 답을 알고 있지 않았습니까? 그런데 왜 저희에게 기회를 주시지 않았습니까? 이래도 당신이 공정하고 공평하다고 할 수 있습니까?'

바로 그때 목소리가 들려왔다.

'아, 애달프도다! 당신은 지리(地理)만 알고 천리(天理)를 모르니 애석하도다!'

풍수사는 깜짝 놀라 주변을 돌아보았지만 아무도 보이지 않았다.

그는 그후부터 풍수 요청이 들어올 때면 먼저 그의 됨됨이부터 알아본 후 덕행이 좋지 않으면 아무리 많은 돈을 준다 하더라도 절대로 응하지 않았다.

지금 우리나라는 IMF 이래 가장 심각한 경제침체에 놓여 있다. 정부는 100여 명의 경제 전문가에게 대책을 묻는 한편 수도 이전을 위해서 풍수학자들의 의견도 모았다고 한다. 이렇듯 풍수는 국가의 대사(大事)는 물론이요 우리 생활인들의 소사(小事)에도 깊숙이 파고들어 있는 것이다.

이 책이 독자분들의 크고 작은 일에 미미하나마 길잡이 역할을 했으면 하는 바람이다.

지은이 _ 이성천

차 례

1장. 돈이 들어오는 자리

재위(財位)

2장. 돈이 들어오는 건물

재위(財位)

4장. 문창위

부록

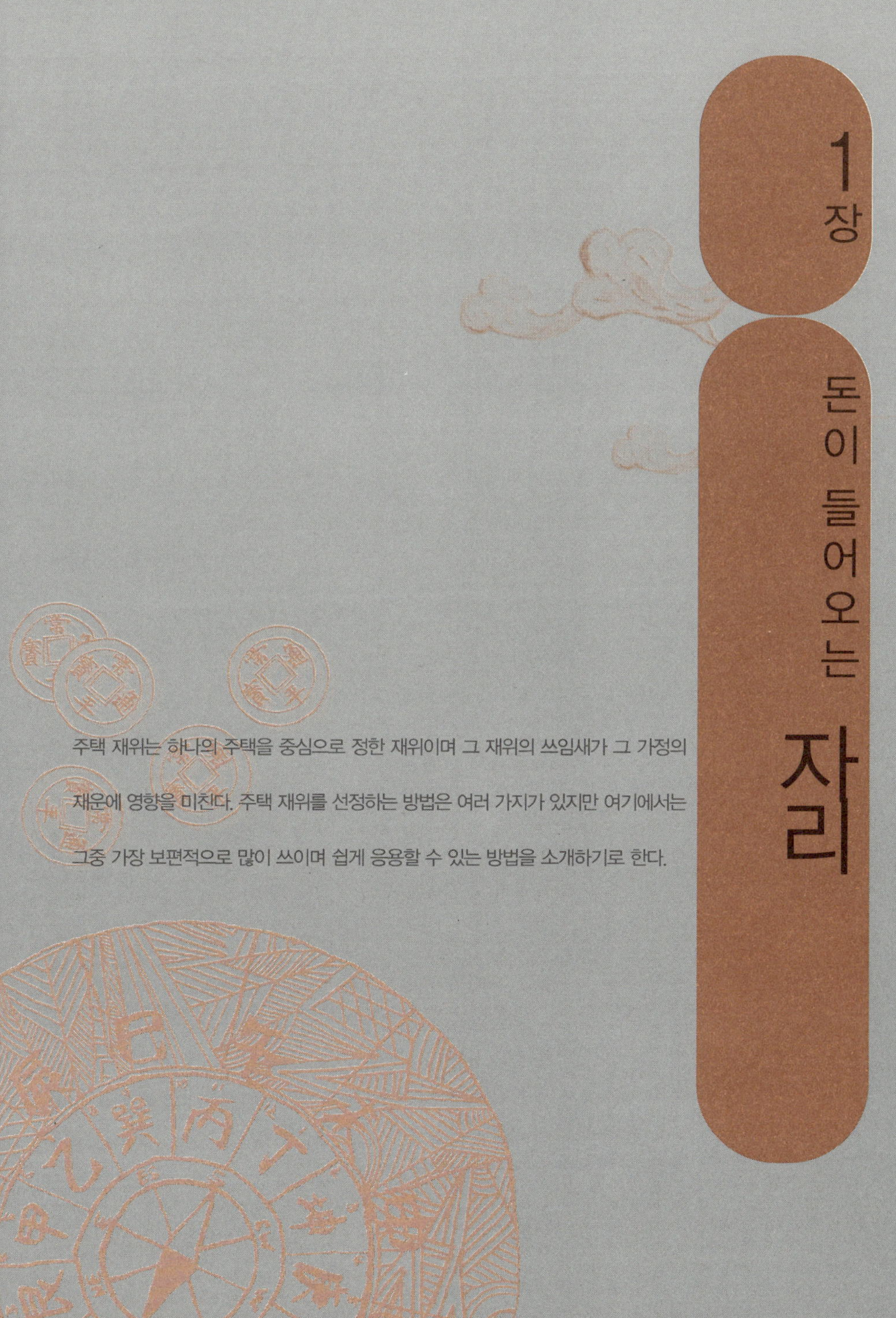

1장 돈이 들어오는 자리

주택 재위는 하나의 주택을 중심으로 정한 재위이며 그 재위의 쓰임새가 그 가정의 재운에 영향을 미친다. 주택 재위를 선정하는 방법은 여러 가지가 있지만 여기에서는 그중 가장 보편적으로 많이 쓰이며 쉽게 응용할 수 있는 방법을 소개하기로 한다.

재위란 무엇인가?

재위(財位)란 가옥에서 택기(宅氣)가 가장 왕성한 자리(위치)를 말한다. 즉, 하강하는 성기(星氣)와 상승하는 지기(地氣)가 서로 교차 집결되는 곳을 재기위(財氣位), 재위(財位)라고 한다.

각각의 집에는 각각의 재위가 있으며 이 재위는 가정의 행복이나 사업, 재산, 건강 등에 큰 영향을 미친다.

재위는 개인(個人) 재위와 주택(住宅) 재위 두 가지로 나뉜다.

주택 재위

주택 재위는 하나의 주택을 중심으로 정한 재위이며 그 재위의 쓰임새가 그 가정의 재운에 영향을 미친다.

주택 재위를 선정하는 방법은 여러 가지가 있지만 여기에서는 그중 가장 보편적으로 많이 쓰이며 쉽게 응용할 수 있는 방법을 소개하기로 한다.

출입문과 대각선의 끝부분에 놓인 자리가 재위다.

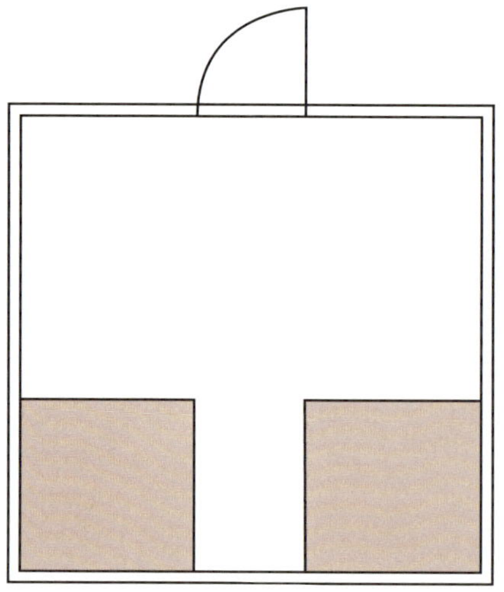

❶ 만약 출입문이 중앙에 있다면 재위는 좌우 양쪽 대각선의 끝부분에 있다.

❷ 만일 출입문이 오른쪽에 있다면 재위는 왼쪽 대각선의 끝부분에 있다.

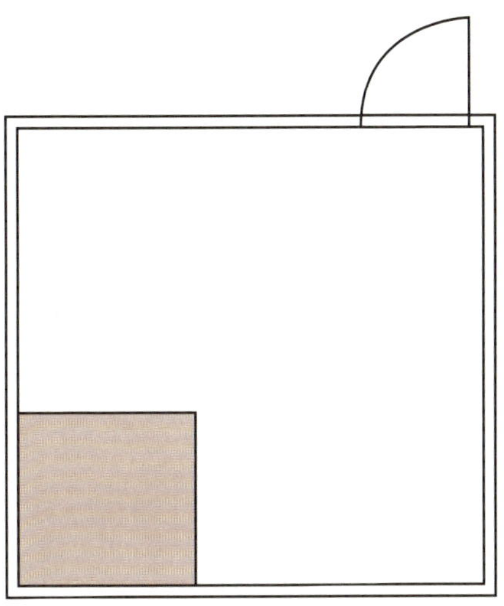

❸ 만약 출입문이 왼쪽에 있으면 재위는 오른쪽 대각선의 끝부분에 있다.

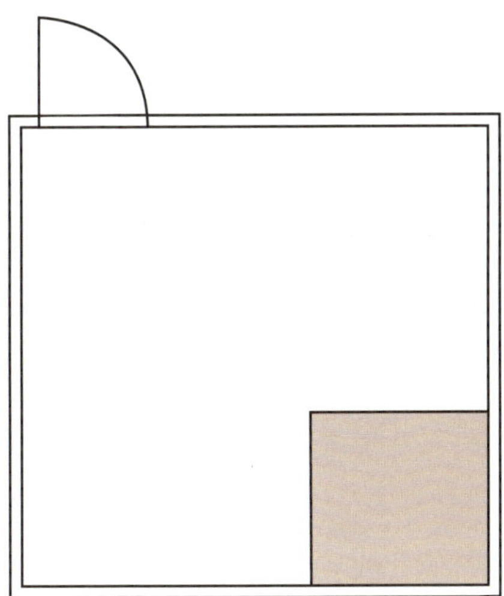

개인 재위

개인 재위는 일반적으로 침실이나 사무실 내 어느 한 곳을 재위로 정하는 것이다. 그 선정 방법은 주택 재위와 마찬가지로 재위를 먼저 정한 다음 개인 명괘(命卦)를 분석하여 최종 판단을 한다. 그러기 위해서는 우선 택명 융합을 알아야 한다.

택명 융합

옛부터 주택과 그곳에 거주하는 사람 사이에는 매우 밀접한 관계가 있다고 믿어왔다. 즉 이 둘의 관계가 융합되면 어떠한 어려움도 없이 행복하고 하루하루 발전하는 삶을 살 수 있지만 융합되지 않으면 절대 편안할 수 없다는 것이다.

사람과 주택은 크게 동사(東四)와 서사(西四) 두 종류로 나눌 수 있다. 만일 사람과 주택이 똑같이 동사에 해당되거나 똑같이 서사에 해당하면 서로 융합이 되는 것이어서 매우 길(吉)하게 된다. 그러나 사람은 동사에 속하지만 주택은 서사에 해당하거나 사람은 서사에 속하는데 주택은 동사에 해당한다면 서로 융합이 안 되는 것이어서 매우 불길하게 된다. 여기에서 동사(東四)와 서사(西四)는 팔괘(八卦), 오행(五行), 방위(方位)에 근거하여 구분한 것이다.

팔괘는 건(乾), 감(坎), 간(艮), 진(震), 손(巽), 이(離), 곤(坤), 태(兌)로 나누어진다. 그중 진(震), 손(巽), 감(坎), 이(離)는 동사(東四)에 속하고 건(乾), 태(兌), 간(艮), 곤(坤)은 서사(西四)에 속한다.

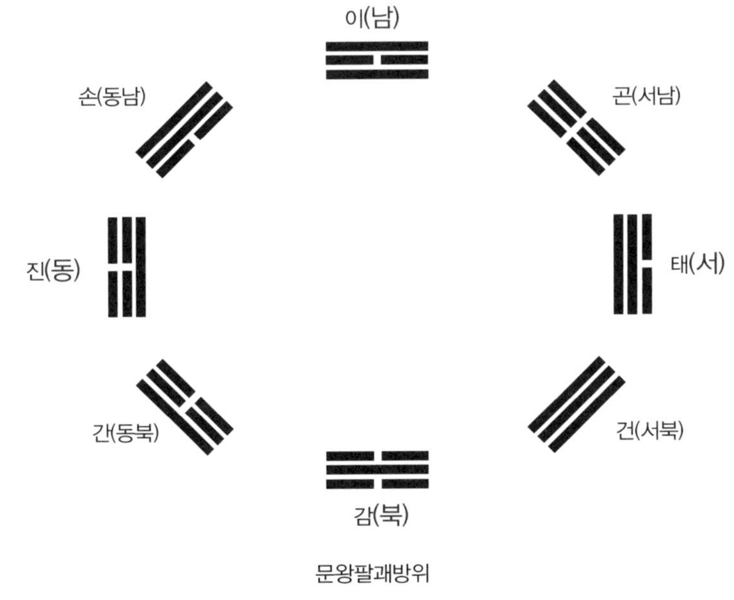

문왕팔괘방위

사람의 오행(**출생한 해를 기준으로 계산**)은 수(水), 화(火), 목(木), 금(金), 토(土)로 나누며 그중 수, 화, 목은 동사(東四)에 속하며 토와 금은 서사(西四)에 속한다.

이상은 사람의 명괘(命卦)에 대해 살펴보았다. 다음은 주택의 택괘(宅卦)를 살펴보기로 하자.

주택의 택괘는 방위(方位)에 근거하여 분류한다. 무릇 동, 동남, 남, 혹은 북에 자리한 주택은 동사택(東四宅)에 속하며 서, 서북, 동북, 혹은 서남에 자리한 주택은 서사택(西四宅)에 속한다.

다음은 동사택(東四宅)의 설명도이다.

동사명(東四命)은 다음과 같다.

진괘(震卦)— 동명 [東命, 양목(陽木)에 속한다]

손괘(巽卦)— 동남명 [東南命, 음목(陰木)에 속한다]

이괘(離卦)— 남명 [南命, 화(火)에 속한다]

감괘(坎卦)— 북명 [北命, 수(水)에 속한다]

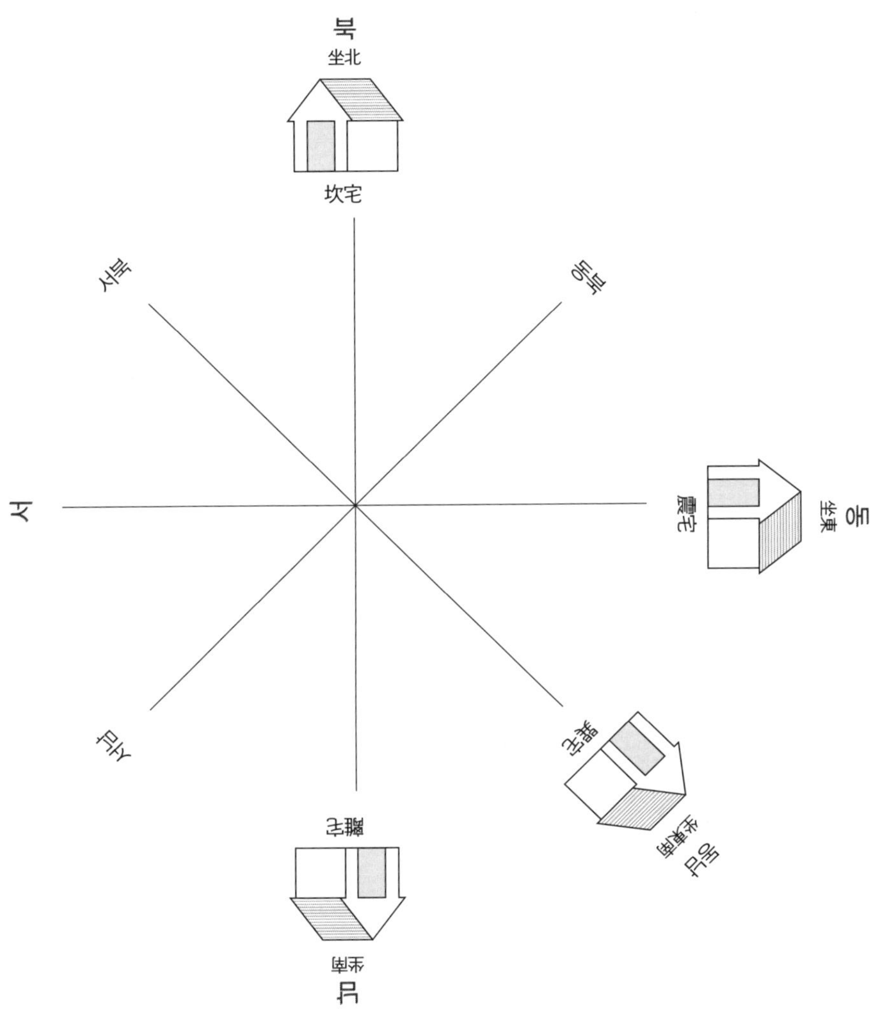

〈동사택(東四宅)〉

아래는 서사택(西四宅)의 설명도이다.

서사명(西四命)은 다음과 같다.

건괘(乾卦)— 서북명[西北命, 양금(陽金)에 속한다]

곤괘(坤卦)— 서남명[西南命, 음토(陰土)에 속한다]

간괘(艮卦)— 동북명[東北命, 양토(陽土)에 속한다]

태괘(兌卦)— 서명[西命, 음금(陰金)에 속한다]

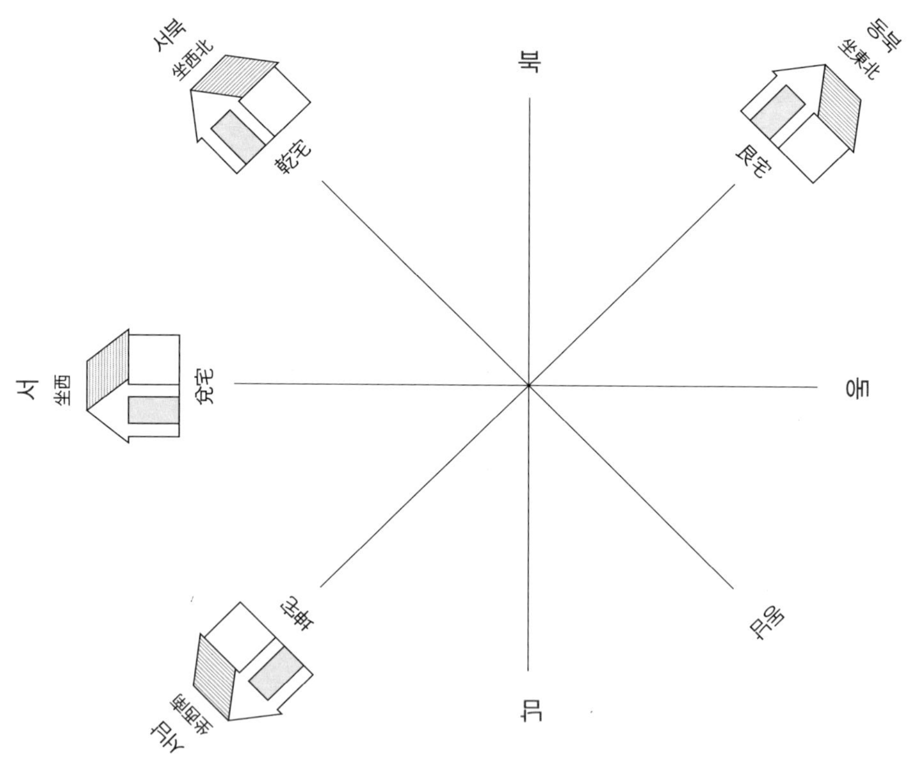

〈서사택(西四宅)〉

표로 나타내면 다음과 같다.

유별	팔괘(八卦)	오행(五行)	방위(方位)
동사(東四)	진(震)	목(木)	동방(東方)
	손(巽)	목(木)	동남방
	감(坎)	수(水)	북방
	이(離)	화(火)	남방
서사(西四)	건(乾)	금(金)	서북
	태(兌)	금(金)	서방
	간(艮)	토(土)	동북
	곤(坤)	토(土)	서남

이 같이 동서사명(東西四命)과 동서사택(東西四宅)이 무엇인가를 안 후에는 택(宅)과 명(命)의 융합 여부를 쉽게 분별할 수가 있다. 앞에서도 설명했듯이 택과 명이 같으면 융합이고 서로 다르면 상극이다. 즉 동사명의 사람이 동사택에 입주하면 융합되어 길하고, 서사명의 사람이 서사택에 입주해도 융합되므로 역시 길하다.

반대로, 동사명의 사람이 서사택에 입주하거나 혹은 서사명의 사람이 동사택에 입주한다면 택(宅)과 명(命)이 일치하지 않으므로 융합이 안 되어서 불길하다. 이외에도 명괘(命卦)와 택세(宅勢)를 알아내는 계산 방법이 있지만 구체적인 공식 및 추산 과정은 생략하고 아래에 1901년부터 2020년까지의 동사명(東四命)과 서사명(西四命)을 남녀별로 구분하여 표로 제시하였다.

⊙은 동사명(東四命) 집 자리의 길한 방위	동방(東方), 동남(東南), 남방(南方), 북방(北方)
◈은 서사명(西四命) 집 자리의 길한 방위	서남(西南), 서방(西方), 서북(西北), 동북(東北)

출생년도	남명(男命)	사명	여명(女命)	사명
1901 신축(辛丑)	이화(離火)	⊙	건금(乾金)	◈
1902 임인(壬寅)	간토(艮土)	◈	태금(兌金)	◈
1903 계묘(癸卯)	태금(兌金)	◈	간토(艮土)	◈
1904 갑진(甲辰)	건금(乾金)	◈	이화(離火)	⊙
1905 을사(乙巳)	곤토(坤土)	◈	감수(坎水)	⊙
1906 병오(丙午)	손목(巽木)	⊙	곤토(坤土)	◈
1907 정미(丁未)	진목(震木)	⊙	진목(震木)	⊙
1908 무신(戊申)	곤토(坤土)	◈	손목(巽木)	⊙
1909 기유(己酉)	감수(坎水)	⊙	간토(艮土)	◈
1910 경술(庚戌)	이화(離火)	⊙	건금(乾金)	◈
1911 신해(辛亥)	간토(艮土)	◈	태금(兌金)	◈
1912 임자(壬子)	태금(兌金)	◈	간토(艮土)	◈
1913 계축(癸丑)	건금(乾金)	◈	이화(離火)	⊙
1914 갑인(甲寅)	곤토(坤土)	◈	감수(坎水)	⊙
1915 을묘(乙卯)	손목(巽木)	⊙	곤토(坤土)	◈
1916 병진(丙辰)	진목(震木)	⊙	진목(震木)	⊙
1917 정사(丁巳)	곤토(坤土)	◈	손목(巽木)	⊙
1918 무오(戊午)	감수(坎水)	⊙	간토(艮土)	◈
1919 기미(己未)	이화(離火)	⊙	건금(乾金)	◈
1920 경신(庚申)	간토(艮土)	◈	태금(兌金)	◈
1921 신유(辛酉)	태금(兌金)	◈	간토(艮土)	◈
1922 임술(壬戌)	건금(乾金)	◈	이화(離火)	⊙
1923 계해(癸亥)	곤토(坤土)	◈	감수(坎水)	⊙
1924 갑자(甲子)	손목(巽木)	⊙	곤토(坤土)	◈
1925 을축(乙丑)	진목(震木)	⊙	진목(震木)	⊙
1926 병인(丙寅)	곤토(坤土)	◈	손목(巽木)	⊙

출생년도	남명(男命)	사명	여명(女命)	사명
1927 정묘(丁卯)	감수(坎水)	⊙	간토(艮土)	◈
1928 무진(戊辰)	이화(離火)	⊙	건금(乾金)	◈
1929 기사(己巳)	간토(艮土)	◈	태금(兌金)	◈
1930 경오(庚午)	태금(兌金)	◈	간토(艮土)	◈
1931 신미(辛未)	건금(乾金)	◈	이화(離火)	⊙
1932 임신(壬申)	곤토(坤土)	◈	감수(坎水)	⊙
1933 계유(癸酉)	손목(巽木)	⊙	곤토(坤土)	◈
1934 갑술(甲戌)	진목(震木)	⊙	진목(震木)	⊙
1935 을해(乙亥)	곤토(坤土)	◈	손목(巽木)	⊙
1936 병자(丙子)	감수(坎水)	⊙	간토(艮土)	◈
1937 정축(丁丑)	이화(離火)	⊙	건금(乾金)	◈
1938 무인(戊寅)	간토(艮土)	◈	태금(兌金)	◈
1939 기묘(己卯)	태금(兌金)	◈	간토(艮土)	◈
1940 경진(庚辰)	건금(乾金)	◈	이화(離火)	⊙
1941 신사(辛巳)	곤토(坤土)	◈	감수(坎水)	⊙
1942 임오(壬午)	손목(巽木)	⊙	곤토(坤土)	◈
1943 계미(癸未)	진목(震木)	⊙	진목(震木)	⊙
1944 갑신(甲申)	곤토(坤土)	◈	손목(巽木)	⊙
1945 을유(乙酉)	감수(坎水)	⊙	간토(艮土)	◈
1946 병술(丙戌)	이화(離火)	⊙	건금(乾金)	◈
1947 정해(丁亥)	간토(艮土)	◈	태금(兌金)	◈
1948 무자(戊子)	태금(兌金)	◈	간토(艮土)	◈
1949 기축(己丑)	건금(乾金)	◈	이화(離火)	⊙
1950 경인(庚寅)	곤토(坤土)	◈	감수(坎水)	⊙
1951 신묘(辛卯)	손목(巽木)	⊙	곤토(坤土)	◈
1952 임진(壬辰)	진목(震木)	⊙	진목(震木)	⊙

출생년도	남명(男命)	사명	여명(女命)	사명
1953 계사(癸巳)	곤토(坤土)	◈	손목(巽木)	⊙
1954 갑오(甲午)	감수(坎水)	⊙	간토(艮土)	◈
1955 을미(乙未)	이화(離火)	⊙	건금(乾金)	◈
1956 병신(丙申)	간토(艮土)	◈	태금(兌金)	◈
1957 정유(丁酉)	태금(兌金)	◈	간토(艮土)	◈
1958 무술(戊戌)	건금(乾金)	◈	이화(離火)	⊙
1959 기해(己亥)	곤토(坤土)	◈	감수(坎水)	⊙
1960 경자(庚子)	손목(巽木)	⊙	곤토(坤土)	◈
1961 신축(辛丑)	진목(震木)	⊙	진목(震木)	⊙
1962 임인(壬寅)	곤토(坤土)	◈	손목(巽木)	⊙
1963 계묘(癸卯)	감수(坎水)	⊙	간토(艮土)	◈
1964 갑진(甲辰)	이화(離火)	⊙	건금(乾金)	◈
1965 을사(乙巳)	간토(艮土)	◈	태금(兌金)	◈
1966 병오(丙午)	태금(兌金)	◈	간토(艮土)	◈
1967 정미(丁未)	건금(乾金)	◈	이화(離火)	⊙
1968 무신(戊申)	곤토(坤土)	◈	감수(坎水)	⊙
1969 기유(己酉)	손목(巽木)	⊙	곤토(坤土)	◈
1970 경술(庚戌)	진목(震木)	⊙	진목(震木)	⊙
1971 신해(辛亥)	곤토(坤土)	◈	손목(巽木)	⊙
1972 임자(壬子)	감수(坎水)	⊙	간토(艮土)	◈
1973 계축(癸丑)	이화(離火)	⊙	건금(乾金)	◈
1974 갑인(甲寅)	간토(艮土)	◈	태금(兌金)	◈
1975 을묘(乙卯)	태금(兌金)	◈	간토(艮土)	◈
1976 병진(丙辰)	건금(乾金)	◈	이화(離火)	⊙
1977 정사(丁巳)	곤토(坤土)	◈	감수(坎水)	⊙
1978 무오(戊午)	손목(巽木)	⊙	곤토(坤土)	◈

출생년도	남명(男命)	사명	여명(女命)	사명
1979 기미(己未)	진목(震木)	⊙	진목(震木)	⊙
1980 경신(庚申)	곤토(坤土)	◈	손목(巽木)	⊙
1981 신유(辛酉)	감수(坎水)	⊙	간토(艮土)	◈
1982 임술(壬戌)	이화(離火)	⊙	건금(乾金)	◈
1983 계해(癸亥)	간토(艮土)	◈	태금(兌金)	◈
1984 갑자(甲子)	태금(兌金)	◈	간토(艮土)	◈
1985 을축(乙丑)	건금(乾金)	◈	이화(離火)	⊙
1986 병인(丙寅)	곤토(坤土)	◈	감수(坎水)	⊙
1987 정묘(丁卯)	손목(巽木)	⊙	곤토(坤土)	◈
1988 무진(戊辰)	진목(震木)	⊙	진목(震木)	⊙
1989 기사(己巳)	곤토(坤土)	◈	손목(巽木)	⊙
1990 경오(庚午)	감수(坎水)	⊙	간토(艮土)	◈
1991 신미(辛未)	이화(離火)	⊙	건금(乾金)	◈
1992 임신(壬申)	간토(艮土)	◈	태금(兌金)	◈
1993 계유(癸酉)	태금(兌金)	◈	간토(艮土)	◈
1994 갑술(甲戌)	건금(乾金)	◈	이화(離火)	⊙
1995 을해(乙亥)	곤토(坤土)	◈	감수(坎水)	⊙
1996 병자(丙子)	손목(巽木)	⊙	곤토(坤土)	◈
1997 정축(丁丑)	진목(震木)	⊙	진목(震木)	⊙
1998 무인(戊寅)	곤토(坤土)	◈	손목(巽木)	⊙
1999 기묘(己卯)	감수(坎水)	⊙	간토(艮土)	◈
2000 경진(庚辰)	이화(離火)	⊙	건금(乾金)	◈
2001 신사(辛巳)	간토(艮土)	◈	태금(兌金)	◈
2002 임오(壬午)	태금(兌金)	◈	간토(艮土)	◈
2003 계미(癸未)	건금(乾金)	◈	이화(離火)	⊙
2004 갑신(甲申)	곤토(坤土)	◈	감수(坎水)	⊙

출생년도	남명(男命)	사명	여명(女命)	사명
2005 을유(乙酉)	손목(巽木)	◉	곤토(坤土)	◈
2006 병술(丙戌)	진목(震木)	◉	진목(震木)	◉
2007 정해(丁亥)	곤토(坤土)	◈	손목(巽木)	◉
2008 무자(戊子)	감수(坎水)	◉	간토(艮土)	◈
2009 기축(己丑)	이화(離火)	◉	건금(乾金)	◈
2010 경인(庚寅)	간토(艮土)	◈	태금(兌金)	◈
2011 신묘(辛卯)	태금(兌金)	◈	간토(艮土)	◈
2012 임진(壬辰)	건금(乾金)	◈	이화(離火)	◉

출생년도	남명(男命)	사명	여명(女命)	사명
2013 계사(癸巳)	곤토(坤土)	◈	감수(坎水)	◉
2014 갑오(甲午)	손목(巽木)	◉	곤토(坤土)	◈
2015 을미(乙未)	진목(震木)	◉	진목(震木)	◉
2016 병신(丙申)	곤토(坤土)	◈	손목(巽木)	◉
2017 정유(丁酉)	감수(坎水)	◉	간토(艮土)	◈
2018 무술(戊戌)	이화(離火)	◉	건금(乾金)	◈
2019 기해(己亥)	간토(艮土)	◈	태금(兌金)	◈
2020 경자(庚子)	태금(兌金)	◈	간토(艮土)	◈

그러나 택명 융합이 이루어지지 않을 경우도 있을 것이다. 이때에도 물론 방법이 있다.

첫째, 택명 융합이 맞는 곳으로 이사를 가는 방법

둘째, 침실을 재배치하여 융합되도록 하는 방법(명방 배합)이 있다.

만약 택명에 맞춰서 이사를 하는 것이 너무 번거롭다고 생각한다면 두 번째 방법을 이용하면 된다.

명방 배합

명방(命房) 배합이란 침실의 문을 그 사용자 본명(本命)의 길방(吉方)에 만드는 것을 말한다.

예를 들면 동사명(東四命)에 속하는 사람의 침실은 가택의 동, 남, 북 및 동남 네 방위에 자리해야 하고 서사명에 속하는 사람의 침실은 가택의 서남, 서, 서북 및 동북 네 방위에 자리해야 한다.

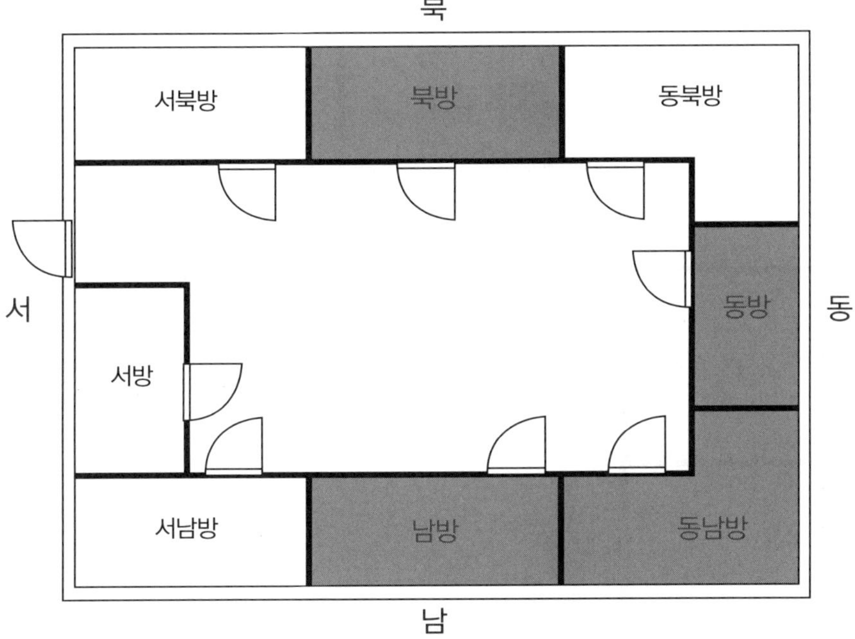

그림 중에 짙은 색으로 표시된 침실은 동사방으로 만약 동사명인 사람이 이곳에 거주하면 명방 배합이 되어서 매우 길하다. 그러나 서사명(西四命)인 사람이 이곳에 거주한다면 불합리한 배합이어서 흉이 많고 길이 적다.

명방 배합이 왜 중요한지 살펴보자.

풍수학에서는 명택 배합을 매우 중요하게 생각한다. 만일 이 경지에 도달할 수 없을 때는 명방 배합으로 보완할 수밖에 없다.

예를 들어 동사명인 사람이 서사택에 들어갔다면 이는 불합리한 명택 배합이다. 이때에는 동사방을 택하여 보완해야 한다.

다음 그림을 보면서 좀더 자세히 살펴보도록 하자.

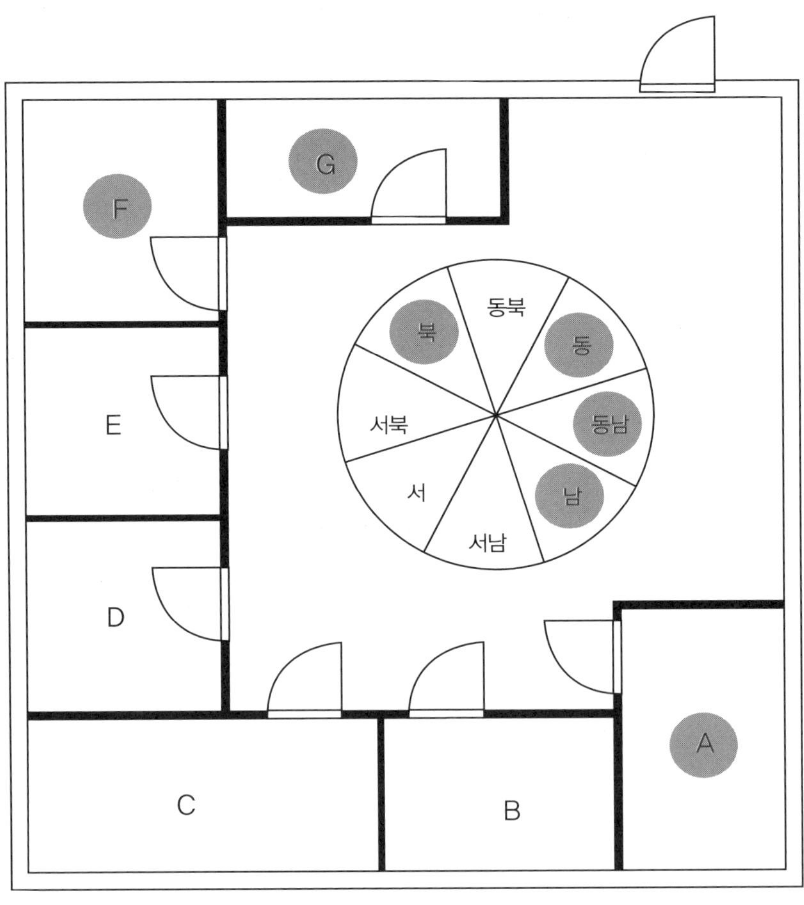

이 가택은 서남에 자리한 곤택이다. 이 그림은 서사택이므로 동사명인 사람에게는 불합리한 명택 배합이다. 그러므로 짙은 색의 A, F, G를 택하여 침실로 만들어야 한다.
이 세 칸은 동사방에 있는 동사방이다. 그러니 동사명인 사람에게는 명방 배합이 되어 불합리한 명택 배합으로 인해 생기는 문제점을 보완할 수 있다. 그러나 만약 흰색의 서사방에 입거한다면 그것은 불합리한 명택 배합일 뿐만 아니라 명방(命房)까지도 불리하여 더더욱 좋지 않다.
반대로 만약 서사명인 사람이 이 가택 중의 흰색 방향에 침실을 사용한다면 그것은 명택도 명방도 모두 배합이 되어 매우 좋다. 그러므로 명택은 배합이 되든 말든 상관없이 명방만은 꼭 배합이 되도록 해야 한다. 그래야만 길한 사람은 더욱 길해지고 흉한 사람은 흉이 감소되기 때문이다.

명문 배합

침실은 방위상의 길흉뿐만 아니라 방문의 길흉도 매우 중요하다. 방문을 만들 때의 원칙은 동사명인 사람은 동사문을 내야 좋고 서사명이면 서사문을 내야 한다. 이것이 바로 명문 배합이다.
동사문은 동, 동남, 남 및 북쪽 이 네 방위의 문을 말하며 동사명에게 적합하다. 이때는 명문이 배합되는 것이다.
그리고 서, 서북, 서남 및 동북 이 네 개 방위의 문은 서사문에 속하며 서사명에 속하는 사람이 거주하기에 좋다. 아래에 동사명과 서사명을 예로 설명하겠다.

❶ 동사명(東四命)

동사명의 가장 이상적인 침실 배치는 아래 그림과 같다. 이 그림의 침실은 동사명인 사람이 거주하기에 매우 좋다. 왜냐하면 방문이 동사방(짙은색으로 표시된 부분)에 있으며 침대도 역시 동사방에 놓여 있기 때문이다. 그러므로 방문이나 침대 모두 본명과 배합이 된다.

그리고 옷장은 흰색의 서사방에 놓여 악귀를 억누르는 작용을 한다. 그러므로 여러 면에서 볼 때 매우 이상적인 배치이다.

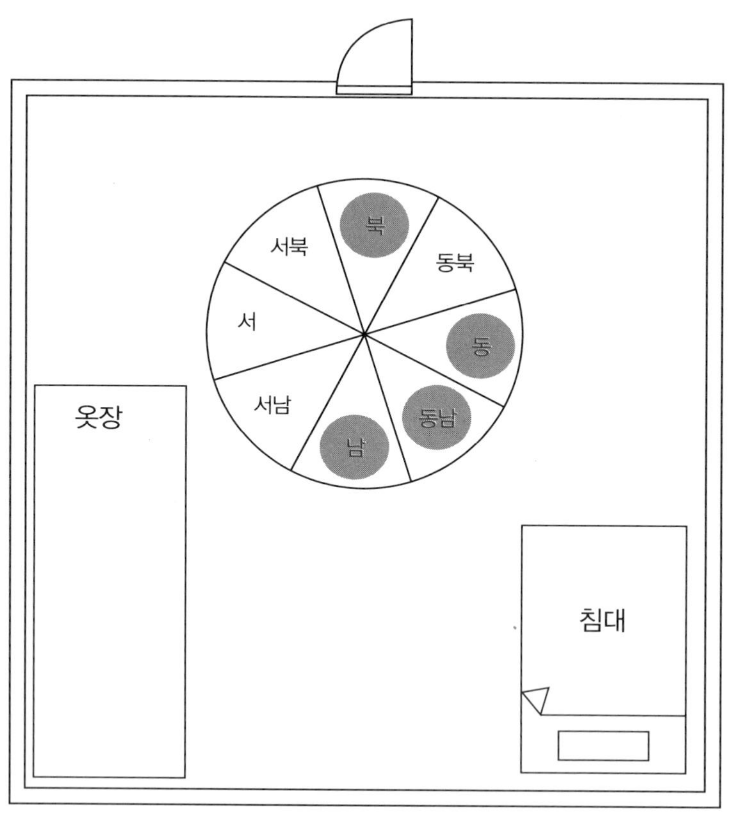

❷ 서사명(西四命)

서사명의 가장 이상적인 침실 배치는 아래 그림과 같다. 이 그림의 침실은 서사명인 사람이 거주하기에 가장 이상적이다. 왜냐하면 방문이 흰색으로 표현된 서사방에 있고 침대도 역시 서사방에 놓여 있기 때문이다. 그러므로 방문이나 침대 모두 본명과 배합이 된다. 이외에 옷장은 짙은색으로 표현된 동사방에 놓여 흉신을 억누르고 있으므로 각 방면의 배합이 몹시 이상적이다.

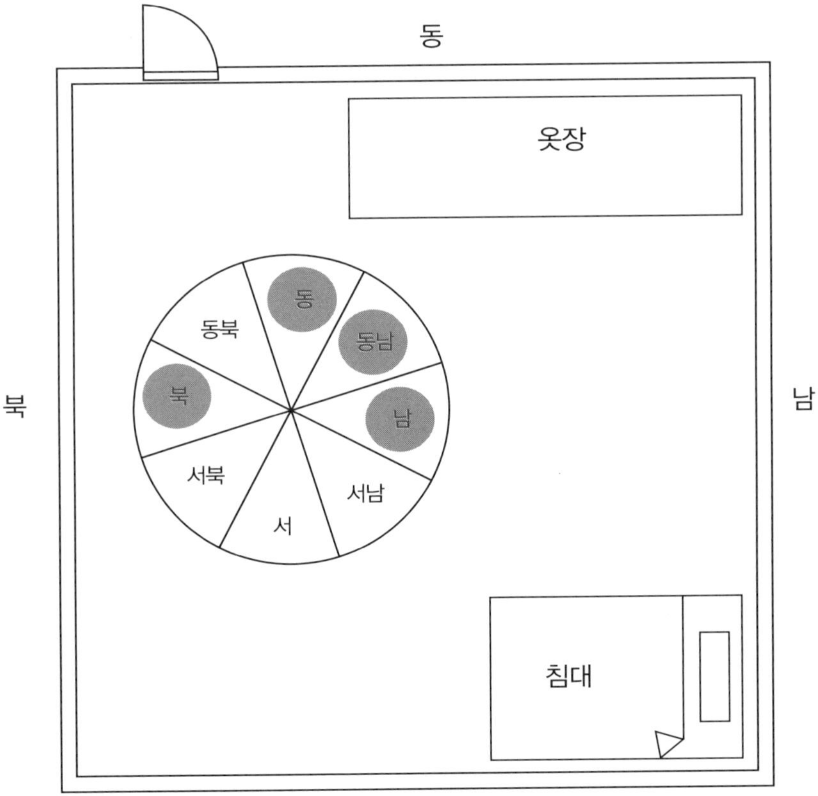

❸ 명문이 불합리하게 배합되었을 때 사귀(邪鬼)에 대한 색(色) 해소법

만약 방문이 본명과 배합이 안 되었더라도 크게 걱정할 필요가 없다. 여러 색깔의 카펫으로 사귀를 해소하는 방법이 있기 때문이다. 동사명인 사람이 서사문에 입주했을 때나 서사명인 사람이 동사문에 입주했을 때의 해소 방법을 간단하게 표로 나타내었다.

동사명(東四命)	서사문(西四門)	해소용 색
목(木)	서문(西門), 서북문(西北門)	회색, 남색
	서남문(西南門), 동북문(東北門)	청색, 녹색
화(火)	서문(西門), 서북문(西北門)	자색, 홍색
	서남문(西南門), 동북문(東北門)	청색, 녹색
수(水)	서문(西門), 서북문(西北門)	회색, 녹색
	서남문(西南門), 동북문(東北門)	백색, 살구색
서사명(西四命)	**서동사문(東四門)**	**해소용 색**
토(土)	동문(東門), 동남문(東南門)	자색, 홍색
	남문(南門), 북문(北門)	커피색, 황색
금(金)	동문(東門), 동남문(東南門)	백색, 살구색
	남문(南門), 북문(北門)	커피색, 황색

만약 부부 중 한 사람은 동사명이고 다른 한 사람은 서사명일 때 침실의 배치는 어떻게 하는 것이 좋을까?
이 문제에 대해 어떤 사람들은 남자를 중심으로 배치하는 것이 옳다고 주장하고 어떤 사람들은 아내를 위주로 해야 한다고 말하기도 한다.
이 주장들처럼 어느 한쪽에 절대적으로 치우치는 것은 이상적인 해결책이 못 된다. 가장 좋은 방법은 서로 양보하면서 어느 한쪽을 완전히 묵살시키지 않은 것이 원칙이다.
예를 들어 침실이 서사방이어서 서사명인 남편의 오행과 배합이 되었다면 침대를 동사방에 놓아 아내의 오행과 배합시키는 것이 좋다. 다시 말해 침실을 남편과 맞추었다면 침대는 아내에게 맞추는 것이 좋다. 이런 배치는 부부 두 사람 모두에게 좋은 점이 많고 나쁜 점은 적다.

아래 그림을 살펴보자.
이 그림에서 침실은 집의 남쪽에 있으므로 서사방에 속한다. 때문에 서사명인 사람에게 적합하다. 그러나 침대는 이 방의 동남쪽에, 침대머리는 남쪽을 향하였으므로 모두 동사방에 속한다. 그러므로 이 침대는 동사명인 사람에게 적합하다. 그리하여 쌍방이 각각 제자리를 찾은 것이다.
그림에서처럼 침실은 서사명과 배합하고 침대는 동사명과 배합하는, 즉 쌍방이 제각기 적합한 자리를 찾은 이 방법은 부부의 명괘가 서로 다를 때 문제 해결의 좋은 방법이다.

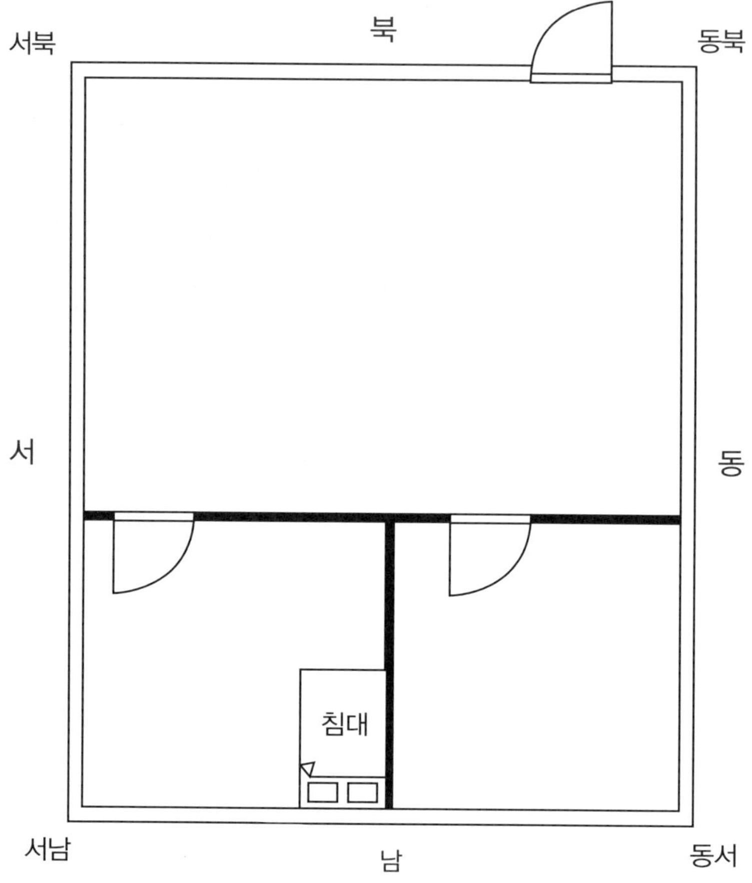

그리고 또 간과해서는 안 되는 것은 부부 중 누가 어느 쪽에 눕는가에 대한 문제이다. 왜냐하면 이 역시 그 사람의 명괘와 배합해야 하기 때문이다.

이 그림은 앞의 침실 쪽만을 확대한 것이다. 그림을 보면 침대 위에 베개가 있다. '동' 자가 있는 것은 침대의 동쪽에 있으므로 동사명에 적합하고 '서' 자가 있는 것은 침대의 서쪽에 있으므로 서사명에 적합하다.

부부가 서로 자리를 바꾸는 일이 종종 있는데 이는 큰 문제가 아니다. 그러나 오랫동안 바꾸어 누우면 좋지 않다.

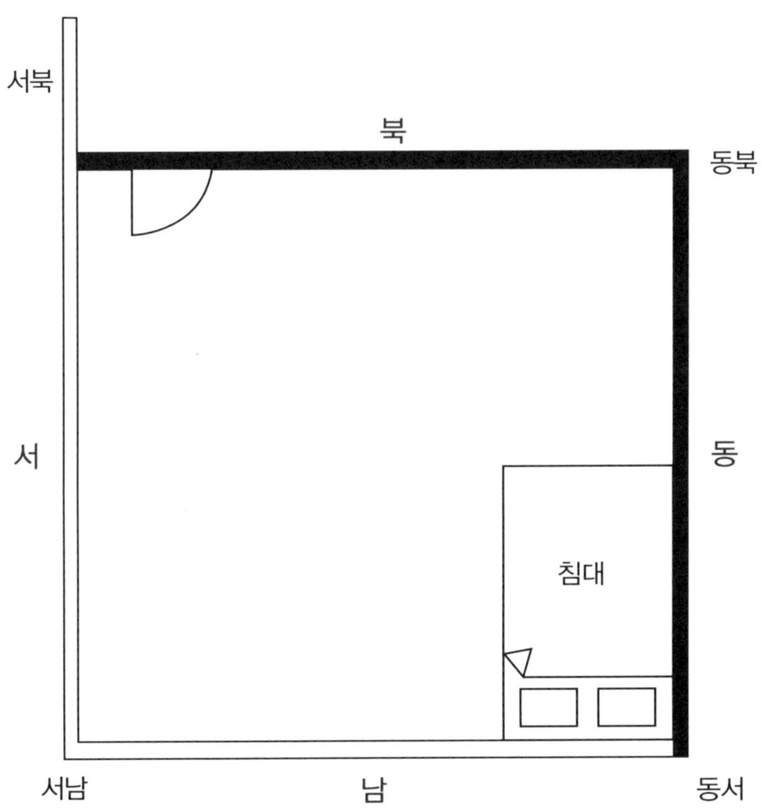

향(向)

건위(乾位) 사람의 재위는 서남(西南)방 45° 내에서, 곤(坤) 15° 와 미(未) 15° 에 있다.

곤위(坤位) 사람의 재위는 서북(西北)방 45° 내에서, 건(乾) 15° 와 술(戌) 15° 에 있다.

간위(艮位) 사람의 재위는 서(西)방 45° 내에서, 태(兌) 15° 와 경(庚) 15° 에 있다.

태위(兌位) 사람의 재위는 동북(東北)방 45° 내에서, 축(丑) 15° 와 간(艮) 15° 에 있다.

이상은 서사택명(西四宅命)인 사람에게 적용된다.

감위(坎位) 사람의 재위는 남(南)방 45° 내에서, 병(丙) 15° 와 오(午) 15° 에 있다.

이위(離位) 사람의 재위는 북(北)방 45° 내에서, 자(子) 15° 와 임(壬) 15° 에 있다.

진위(震位) 사람의 재위는 동남(東南)방 45° 내에서, 진(辰) 15° 와 손(巽) 15° 에 있다.

손위(巽位) 사람의 재위는 동(東)방 45° 내에서, 묘(卯) 15° 와 갑(甲) 15° 에 있다.

이상은 동사택명(東四宅命)인 사람에게 적용된다.

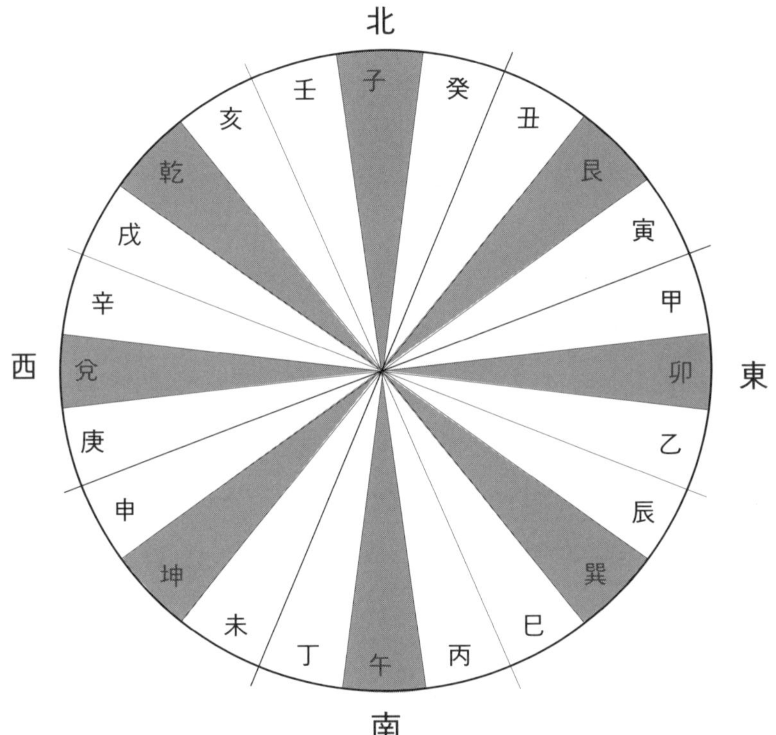
北
子
癸
丑
艮
寅
甲
卯
東
乙
辰
巽
巳
丙
午
南
丁
未
坤
申
庚
兌
西
辛
戌
乾
亥
壬

보충설명

태극에서 음양(陰陽)으로, 음양에서 사상(四象)으로, 사상에서 팔괘가 생성되었다. 팔괘(八卦)란 건(乾), 감(坎), 간(艮), 진(震), 손(巽), 이(離), 곤(坤), 태(兌)로 나누어진다.

☰ **건(乾)**은 하늘을 가르킨다. 이 괘의 뜻은 둥글고 진실하며 굳세다. 색상으로는 백색(白色), 계절로는 늦가을(晩秋), 시각은 해시(오후 9시에서 11시까지), 방위는 서북(艮方), 동물로는 말(馬), 인간관계로는 남자, 부친(父親), 노인을 말한다. 신체로는 머리(頭)에 해당한다.

☱ **태(兌)**는 못(澤)을 가르킨다. 이 괘의 뜻은 온화, 기쁨, 친밀, 웃음을 의미한다. 색상으로는 황금색과 백색, 계절로는 가을, 시각은 오후 9시, 방위는 서방, 동물로는 양(羊), 인간관계로는 젊은 여인, 소녀 등을 말한다. 신체로는 입이다.

이(離)는 불(火)을 가르킨다. 이 괘의 뜻은 열(熱), 총명, 태양을 의미하며 색상으로는 적색(赤色), 보라색, 계절로는 여름철, 시각은 정오(正午), 방위는 정남방, 동물로는 꿩, 인간관계로는 여성, 미녀(美女), 딸(맏딸)을 말한다. 신체로는 눈(目)에 해당한다.

진(震)은 천둥, 번개 등을 가르킨다. 이 괘의 뜻은 역동, 성공, 결단 등을 의미한다. 색상으로는 초록색, 청색(靑色)이고 계절로는 봄(春), 시각은 오전 5시, 방위는 정동방(東方), 동물로는 용(龍), 인간관계로는 아들(장남), 형(兄)을 말한다. 신체로는 발(足)에 해당한다.

손(巽)은 바람을 가르킨다. 이 괘의 뜻은 출입(出入), 냄새를 의미한다. 색상으로는 청색(靑色), 초록색, 흰색, 계절로는 만춘(晩春)에서 맹하(孟夏)까지, 시각은 오전 7시에서 9시까지, 방위는 동남(東南), 동물로는 닭, 인간관계로는 여성, 장녀(맏딸), 부인 등을 말한다. 신체로는 넓적다리에 해당한다.

감(坎)은 물(水)을 가르킨다. 이 괘의 뜻은 지혜와 번뇌, 분망(奔忙)을 의미한다. 색상으로는 검은색에 해당하고 계절로는 겨울철, 시각은 자정(子正)이다. 방위는 정북방(北方), 동물로는 돼지, 인간관계로는 남성(청년), 교활한 사람 등을 말한다. 신체로는 귀(耳)에 해당한다.

간(艮)은 산을 가르킨다. 이 괘의 뜻은 근면, 독립, 거부 등을 의미한다. 색상으로는 검은색, 황색(黃色)에 해당한다. 계절로는 맹동(孟冬), 시각은 오전 1시부터 2시까지, 방위는 동북(艮方), 동물로는 개, 인간관계로는 청년과 소년을 말한다. 신체 중에서는 손에 해당한다.

곤(坤)은 땅(地)을 가르킨다. 이 괘의 뜻은 순종, 겸양 등을 의미한다. 색상으로는 황색(黃色), 검은색, 계절로는 만하(晩夏)에서 맹동(孟冬)까지, 시각은 오후 1시 30분에서 4시 30분까지이다. 방위는 서남(艮方), 동물로는 소(牛), 인간관계로는 어머니, 아내, 아랫사람을 말한다. 신체 중에서는 배(腹)에 해당한다.
시각은 오전 1시부터 2시까지, 방위는 동북(艮方), 동물로는 개, 인간관계로는 청년과 소년을 말한다. 신체 중에서는 손에 해당한다.

巳
丙
丁
坤
庚
辛
壬
艮
甲
乙

재위를 up시키는 방법

❶ 재위는 환해야 한다.

햇빛이나 조명이 환하게 비추면 좋다. 재위에 햇빛이 부족하면 조명을 켜서 조명도를 높이는 것이 좋다. 이때 재위에 놓인 전구나 조명등의 숫자는 3개, 4개, 또는 9개가 좋다.

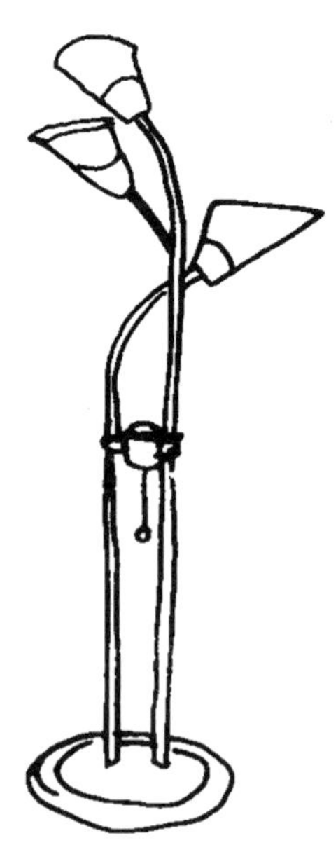

❷ 재위는 생기가 있어야 한다.

재위에 생기 발랄한 상록식물을 놓아두면 좋다. 특히 잎이 크고 두터운 인도 고무나무나 브라질 소철 등이 가장 적합하다. 한 가지 주의해야 할 점은 이 식물들은 흙을 이용해야 한다는 것이다. 즉 화분에 흙을 이용하여 심어야 한다. 결코 물 재배법(수경법)을 이용해서는 안 된다. 그리고 재위에 가시 돋친 선인장류를 놓으면 좋지 않다.

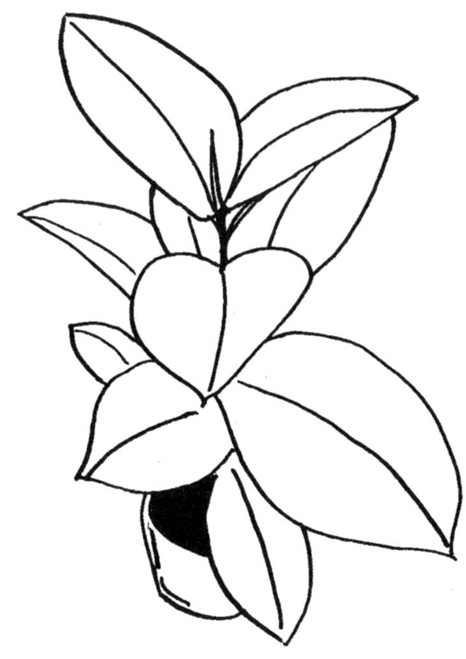

❸ 재위에 앉으면 좋다.

재위는 한 집안의 재기(財氣)가 집중된 방위이다. 그렇기 때문에 그 방위를 많이 이용할수록 좋다. 즉 소파를 놓고 온가족이 둘러앉아 이야기꽃을 피우면 그 자리에 있는 재기가 몸에 묻어 재산이 불어나는 효과가 있다. 식탁을 놓는 것도 매우 좋은 방법으로 온 집안이 재기의 길한 기운을 받을 수 있다.

❹ 재위에 누우면 좋다.

우리는 인생의 1/3을 잠자는 데 사용한다. 때문에 침대 위치에 따른 길흉이 그 사람의 운수에 큰 영향을 미친다. 침대를 재위에 놓고 매일 사용하면 재운(財運)에 큰 도움이 된다.

❺ 재위에 길한 물건을 놓으면 좋다.

재위는 왕성한 기가 집중된 곳이므로 그곳에 복(福), 녹(祿), 수(壽)의 삼성(三星)이나 문무재신(文武財神)의 소상(塑像)을 놓는다면 훨씬 더 좋은 효과가 있다.

삼성 중 복성(福星)이란 어린아이를 품에 안은 신의 형상으로 '자식이 있으면 만사가 족하다'는 복을 상징한다.

녹성(祿星)은 빛나는 관복을 입고 손에는 여의옥(如意玉)을 쥐고 있는 신의 형상이다. 고관으로 승직과 녹봉의 증가를 상징한다.

수성(壽星)은 장수를 뜻하는 복숭아를 손에 안고 행복한 미소를 띄고 있는 신의 형상이다. 즉 건강과 장수를 상징한다.

재위를 down시키는 방법

❶ 재위에 압박을 가하는 것은 좋지 않다.

대들보를 머리 위 천장에 이고 있으면 좋지 않다. 그리고 옷장이나 이불장, 조립식 가구들은 재위에 놓지 말아야 한다. 재위에 대한 이런 압박은 재운에 손상을 준다.

❷ 재위가 충격을 받으면 좋지 않다.

풍수학에서는 예각의 충격을 가장 경계한다. 예각이 재위에 가까이 있을수록 그 영향은 더욱 크다. 그러므로 재위 근처에 예각이 있으면 좋지 않다.

❸ 재위에 무거운 물건이나 잡다한 물건을 놓는 것은 좋지 않다.

재위에 여러 가지 자질구레한 물건을 놓아두는 것은 좋지 않다. 이것들은 재위를 오염시킬 뿐만 아니라 재위가 발휘하는 좋은 영향력에 손상을 주기 때문이다.

❹ 재위는 어두우면 좋지 않다.

재위는 밝아야 생기 발랄하고 어둠컴컴하면 전혀 활기가 없어 재운에 좋지 않은 영향을 미친다.

❺ 재위가 텅 비어 있는 것도 좋지 않다.

재위 뒷면에 견고한 벽이 있으면 매우 좋다. 마치 태산을 등에 지고 있어서 아무런 걱정이 없어지는 듯하다. 견고한 벽은 바람을 안아서 재기를 모을 수 있으니 재운에 유익하다.

이와 반대로 재위의 뒷면에 투명한 창문이 있다면 재물을 모으기는커녕 그 창문을 통해 모두 새어나가고 재산을 잃을 위험이 매우 크다.

❻ 재위에 식품이나 의료기기 및 약품을 놓아두면 좋지 않다.

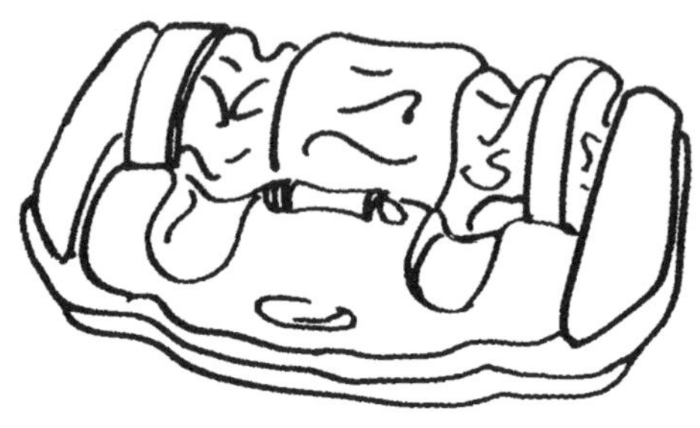

❼ 재위가 오염되면 나쁘다.

2장

돈이 들어오는 건물

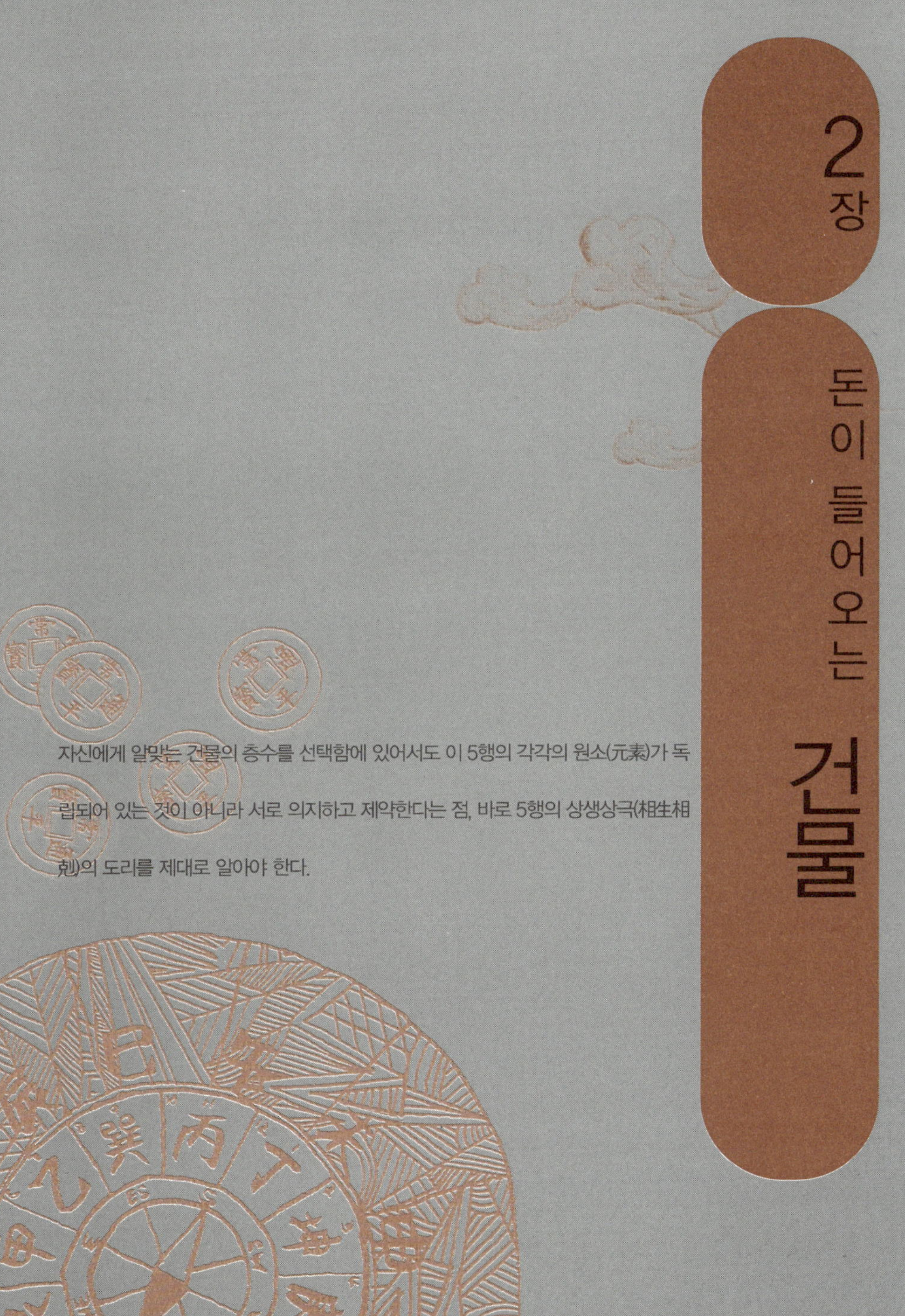

자신에게 알맞는 건물의 층수를 선택함에 있어서도 이 5행의 각각의 원소(元素)가 독립되어 있는 것이 아니라 서로 의지하고 제약한다는 점, 바로 5행의 상생상극(相生相剋)의 도리를 제대로 알아야 한다.

하도와 낙서

전설에 의하면 상고시대 때, 황하(黃河)에서 등에 도형을 진 용마(龍馬)가 출현했고, 낙수(洛水)에서는 등에 도형이 그려진 신귀(神龜), 즉 신의 거북이가 나타났었다고 한다. 이는 바로 하늘의 거룩한 뜻을 암시하고 있다.

복희(伏羲)씨가 이 '하도(河圖)'에 근거하여 '팔괘(八卦)'를 그려냈고 하(夏)나라의 우(禹) 임금이 '낙서(洛書)'에 근거하여 '구주(九疇, 천하를 다스리는 9대 법칙)'를 만들었다고 한다.

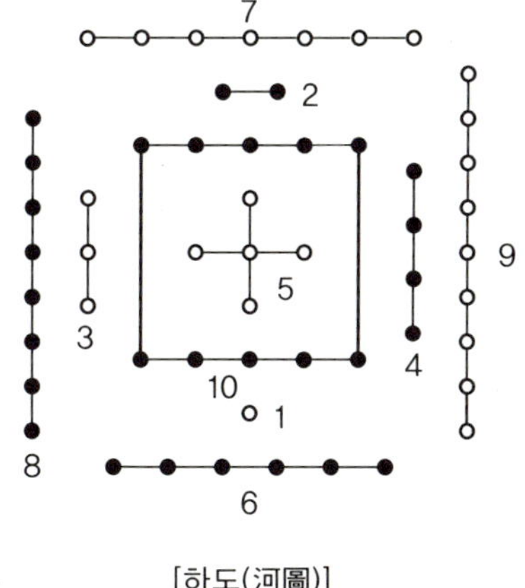

[하도(河圖)]

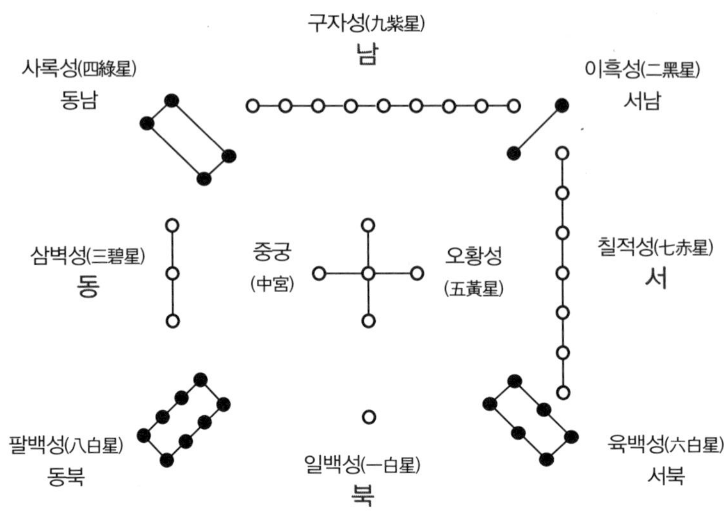

[낙서(洛書)]

'하도' 에서 흰색 동그라미는 홀수와 양(陽)의 수(1, 3, 5, 7, 9)를 나타내며 검은색 동그라미는 짝수와 음(陰)의 수(2, 4, 6, 8, 10)를 표시한다.

양의 수 1이 아래에서 생(生)하니 음의 수 2가 위에서 대응한다.

양의 수 3이 왼쪽에서 생하니 음의 수 4가 오른쪽에서 대응한다.

중앙에 5라는 양의 수, 즉 생수의 끝수로 조화와 균형을 이루게 된다. 여기서 생수는 1, 2, 3, 4, 5이며 성수는 이 숫자에 5를 더한 숫자, 즉 6, 7, 8, 9, 10이다.

모든 만물은 음과 양이 만나 조화를 이루어야만 존재할 수 있다는 것을 이 하도를 통해서도 알 수 있다.

우 임금이 등에 도형이 그려진 신귀(神龜), 즉 신의 거북이가 나타난 것을 보고 만든 것이 낙서라고 하였다.

홀수는 중앙과 동서남북의 방위를 각기 차지했고 짝수는 네 모퉁이를 차지했다. 이 여덟 방위와 중궁을 합하여 아홉 개의 궁으로 나타난다. 그래서 앞의 하도는 10까지 있지만 낙서는 9밖에 없다. 그래서 9궁(宮)을 가리키게 된다.

그러나 서로 마주보는(대칭되는 자리) 면의 합이 10이 된다. 중앙을 제외하고 상대한 두 개 수의 합은 모두 10인 것이다. 즉 2와 8의 합은 10이며, 3과 7은 10이다. 중앙에 있는 5까지 합하면 15가 된다. 이것은 서로 대칭되는 어느 면에서도 마찬가지이다.

알기 쉽게 낙서를 숫자로 나타내 보자.

4	9	2
3	5	7
8	1	6

구성의 방위와 지지가 이 낙서에서 만들어진 것이다.

다시 하도를 살펴보자.

하도에서 각각의 숫자는 방위를 나타내기도 한다. 즉,

1은 북방,

2는 서남,

3은 동방,

4는 동남,

5는 중앙,

6은 서북,

7은 서방,

8은 동북,

9는 남방을 표시한다.

東南	正南	西南
正東	中央	正西
東北	正北	西北

방위를 알아보자. 우리가 남쪽을 향해 서 있다고 생각해 보자. 이때

상방은 남(南)이며 화(火)를 대표하고

하방은 북(北)이며 수(水)를 대표한다.

왼쪽은 동(東)방으로 목(木)을 대표하고

오른쪽은 서(西)이며 금(金)을 대표한다.

중앙은 토(土)를 대표한다.

중앙의 5를 제외하고 다른 홀수와 짝수 모두는 시계방향으로 회전하며 배열한다.

다시 종합하여 살펴보자.

1과 6은 북(北)방에 속하고 수(水)에 해당한다. 그리고 끝자리 숫자가 1이나 6인 층도 수(水)에 속한다. 즉 11층, 21층, 31층…, 그리고 16층, 26층, 36층….

2와 7은 남(南)방에 속하고 화(火)에 해당한다. 그리고 끝자리 숫자가 2나 7인 층도 화(火)에 속한다. 즉 12층, 22층, 32층…, 그리고 17층, 27층, 37층….

3과 8은 동(東)방에 속하고 목(木)에 해당한다. 그리고 끝자리 숫자가 3이나 8인 층도 목(木)에 속한다. 즉 13층, 23층, 33층…, 그리고 18층, 28층, 38층….

4와 9는 서(西)방에 속하고 금(金)에 해당한다. 그리고 끝자리 숫자가 4나 9인 층도 금(金)에 속한다. 즉 14층, 24층, 34층…, 그리고 19층, 29층 39층….

5와 10은 중앙(中央)위에 속하고 토(土)에 해당한다. 그리고 끝자리 숫자가 5나 0인 층도 토(土)에 속한다. 즉 15층, 25층, 35층…, 그리고 20층, 30층….

오행	목	화	토	금	수
층 수	3, 8	2, 7	5, 10	4, 9	1, 6

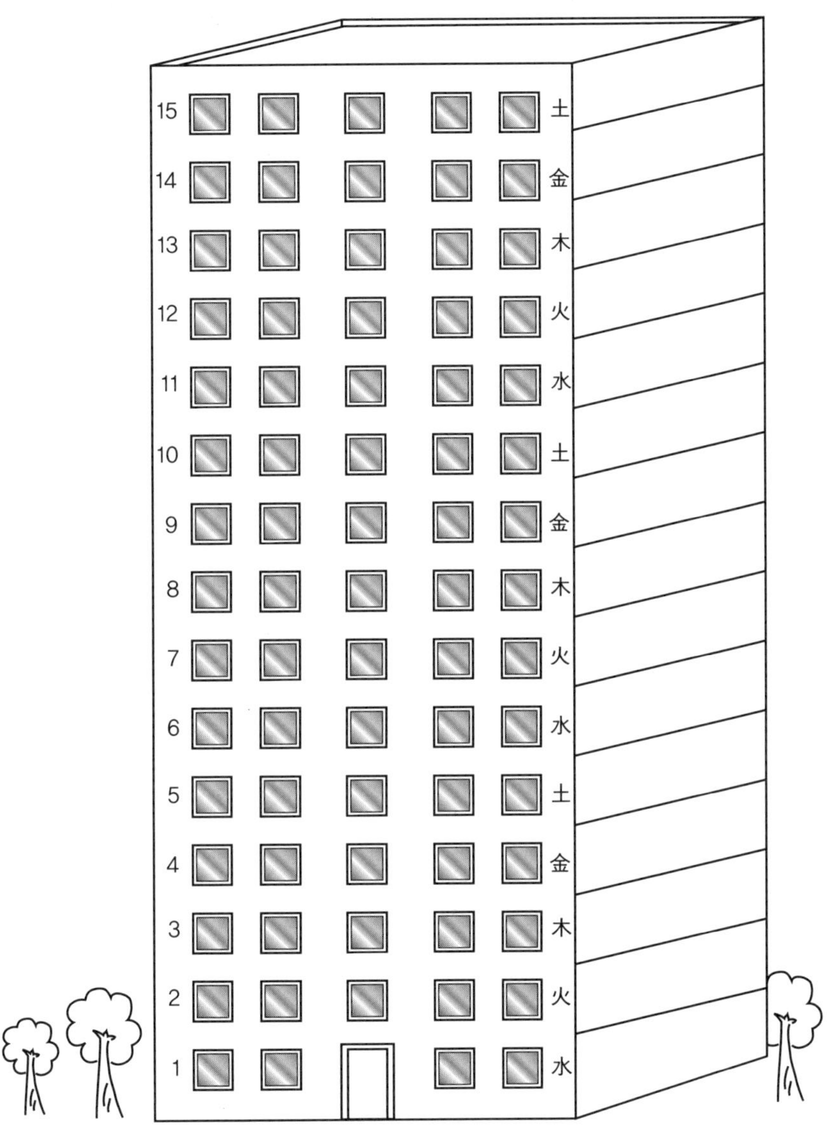

[각각의 층수는 위의 그림에 따라 5행과 배합하였다.]

돈이 들어오는 건물 층수의 선택

일반적으로 고층 집, 즉 아파트나 연립주택, 또는 단독주택일지라도 여러 층으로 이루어진 집은 외부 환경이 길상이면 그 집에 거주하는 사람 모두 길하다.

그러나 개인의 띠와 층수의 5행, 그리고 자기마당(磁場)이 인체에 미치는 영향 등으로 인해 동일한 집, 동일한 층에 거주한다 할지라도 빈부(貧富)의 차이가 생기게 된다. 그러면 자기에게 맞는 건물의 층을 선택하는 방법에는 어떤 것이 있을까?

그 방법을 알기 위해서는 우선 천간(天干) 지지(地支)에 대해 알아야 한다.

천간은 갑(甲), 을(乙), 병(丙), 정(丁), 무(戊), 기(己), 경(庚), 신(辛), 임(壬), 계(癸)의 10개로 되어 있으며 해마다 하나씩 순환한다.

간지는, 전설에 의하면 부처님께서 이 세상을 하직하실 때 모든 동물들을 불러들였는데 12동물만이 하직 인사를 하기 위해 모여들었다고 한다. 부처님은 동물들이 도착하는 순서에 따라 그들의 이름을 각 해마다 붙여 주었다. 도착한 순서는 쥐(子)가 가장 먼저 도착하였고 그 다음에 소(丑), 호랑이(寅), 토끼(卯), 용(辰), 뱀(巳), 말(午), 양(未), 원숭이(申), 닭(酉), 개(戌), 그리고 맨 끝으로 돼지(亥) 순이었다.

이것이 오늘날의 열두 띠, 즉 12지지가 된 것이다.

천간	甲	乙	丙	丁	戊	己	庚	辛	壬	癸		
지지	子	丑	寅	卯	辰	巳	午	未	申	酉	戌	亥

간지에 따른 띠와 오행을 알아보자.

갑자(甲子)년, 병자(丙子)년, 무자(戊子)년, 경자(庚子)년, 임자(壬子)년, 이 해에 태어난 사람들은 쥐띠이고 5행으로는 수(水)에 속한다.

을축(乙丑)년, 정축(丁丑)년, 기축(己丑)년, 신축(辛丑)년, 계축(癸丑)년, 이 해에 태어난 사람들은 소띠이고 5행으로는 토(土)에 속한다.

갑인(甲寅)년, 병인(丙寅)년, 무인(戊寅)년, 경인(庚寅)년, 임인(壬寅)년, 이 해에 태어난 사람들은 범띠이고 5행으로는 목(木)에 속한다.

을묘(乙卯)년, 정묘(丁卯)년, 기묘(己卯)년, 신묘(辛卯)년, 계묘(癸卯)년,

이 해에 태어난 사람들은 토끼띠이고 5행에서는 목(木)에 속한다.

갑진(甲辰)년, 병진(丙辰)년, 무진(戊辰)년, 경진(庚辰)년, 임진(壬辰)년, 이 해에 태어난 사람은 용띠이고 5행에서는 토(土)에 속한다.

을사(乙巳)년, 정사(丁巳)년, 기사(己巳)년, 신사(辛巳)년, 계사(癸巳)년, 이 해에 태어난 사람은 뱀띠이고 5행에서는 화(火)에 속한다.

갑오(甲午)년, 병오(丙午)년, 무오(戊午)년, 경오(庚午)년, 임오(壬午)년, 이 해에 태어난 사람들은 말띠이고 5행에서는 화(火)에 속한다.

을미(乙未)년, 정미(丁未)년, 신미(辛未)년, 기미(己未)년, 계미(癸未)년, 이 해에 태어난 사람들은 양띠이고 5행에서는 토(土)에 속한다.

갑신(甲申)년, 병신(丙申)년, 무신(戊申)년, 경신(庚申)년, 임신(壬申)년, 이 해에 태어난 사람들은 원숭이띠이고 5행에서는 금(金)에 속한다.

을유(乙酉)년, 정유(丁酉)년, 기유(己酉)년, 신유(辛酉)년, 계유(癸酉)년, 이 해에 태어난 사람은 닭띠이고 5행에서는 금(金)에 속한다.

갑술(甲戌)년, 병술(丙戌)년, 무술(戊戌)년, 경술(庚戌)년, 임술(壬戌)년, 이 해에 태어난 사람은 개띠이고 5행에서는 토(土)에 속한다.

을해(乙亥)년, 정해(丁亥)년, 기해(己亥)년, 신해(辛亥)년, 계해(癸亥)년, 이 해에 태어난 사람은 돼지띠이고 5행에서는 수(水)에 속한다.

아래의 표를 보면 쉽게 알 수 있다.

연도	간지(干支)	띠
1900	경자(庚子)	쥐띠
1901	신축(辛丑)	소띠
1902	임인(壬寅)	호랑이띠
1903	계묘(癸卯)	토끼띠
1904	갑진(甲辰)	용띠
1905	을사(乙巳)	뱀띠
1906	병오(丙午)	말띠
1907	정미(丁未)	양띠
1908	무신(戊申)	원숭이띠
1909	기유(己酉)	닭띠
1910	경술(庚戌)	개띠
1911	신해(辛亥)	돼지띠
1912	임자(壬子)	쥐띠
1913	계축(癸丑)	소띠
1914	갑인(甲寅)	호랑이띠
1915	을묘(乙卯)	토끼띠
1916	병진(丙辰)	용띠

연도	간지(干支)	띠
1917	정사(丁巳)	뱀띠
1918	무오(戊午)	말띠
1919	기미(己未)	양띠
1920	경신(庚申)	원숭이띠
1921	신유(辛酉)	닭띠
1922	임술(壬戌)	개띠
1923	계해(癸亥)	돼지띠
1924	갑자(甲子)	쥐띠
1925	을축(乙丑)	소띠
1926	병인(丙寅)	호랑이띠
1927	정묘(丁卯)	토끼띠
1928	무진(戊辰)	용띠
1929	기사(己巳)	뱀띠
1930	경오(庚午)	말띠
1931	신미(辛未)	양띠
1932	임신(壬申)	원숭이띠
1933	계유(癸酉)	닭띠

연도	간지(干支)	띠
1934	갑술(甲戌)	개띠
1935	을해(乙亥)	돼지띠
1936	병자(丙子)	쥐띠
1937	정축(丁丑)	소띠
1938	무인(戊寅)	호랑이띠
1939	기묘(己卯)	토끼띠
1940	경진(庚辰)	용띠
1941	신사(辛巳)	뱀띠
1942	임오(壬午)	말띠
1943	계미(癸未)	양띠
1944	갑신(甲申)	원숭이띠
1945	을유(乙酉)	닭띠
1946	병술(丙戌)	개띠
1947	정해(丁亥)	돼지띠
1948	무자(戊子)	쥐띠
1949	기축(己丑)	소띠
1950	경인(庚寅)	호랑이띠
1951	신묘(辛卯)	토끼띠
1952	임진(壬辰)	용띠
1953	계사(癸巳)	뱀띠
1954	갑오(甲午)	말띠
1955	을미(乙未)	양띠
1956	병신(丙申)	원숭이띠
1957	정유(丁酉)	닭띠
1958	무술(戊戌)	개띠
1959	기해(己亥)	돼지띠

연도	간지(干支)	띠
1960	경자(庚子)	쥐띠
1961	신축(辛丑)	소띠
1962	임인(壬寅)	호랑이띠
1963	계묘(癸卯)	토끼띠
1964	갑진(甲辰)	용띠
1965	을사(乙巳)	뱀띠
1966	병오(丙午)	말띠
1967	정미(丁未)	양띠
1968	무신(戊申)	원숭이띠
1969	기유(己酉)	닭띠
1970	경술(庚戌)	개띠
1971	신해(辛亥)	돼지띠
1972	임자(壬子)	쥐띠
1973	계축(癸丑)	소띠
1974	갑인(甲寅)	호랑이띠
1975	을묘(乙卯)	토끼띠
1976	병진(丙辰)	용띠
1977	정사(丁巳)	뱀띠
1978	무오(戊午)	말띠
1979	기미(己未)	양띠
1980	경신(庚申)	원숭이띠
1981	신유(辛酉)	닭띠
1982	임술(壬戌)	개띠
1983	계해(癸亥)	돼지띠
1984	갑자(甲子)	쥐띠
1985	을축(乙丑)	소띠

연도	간지(干支)	띠
1986	병인(丙寅)	호랑이띠
1987	정묘(丁卯)	토끼띠
1988	무진(戊辰)	용띠
1989	기사(己巳)	뱀띠
1990	경오(庚午)	말띠
1991	신미(辛未)	양띠
1992	임신(壬申)	원숭이띠
1993	계유(癸酉)	닭띠
1994	갑술(甲戌)	개띠
1995	을해(乙亥)	돼지띠
1996	병자(丙子)	쥐띠
1997	정축(丁丑)	소띠
1998	무인(戊寅)	호랑이띠
1999	기묘(己卯)	토끼띠
2000	경진(庚辰)	용띠
2001	신사(辛巳)	뱀띠
2002	임오(壬午)	말띠
2003	계미(癸未)	양띠
2004	갑신(甲申)	원숭이띠
2005	을유(乙酉)	닭띠

연도	간지(干支)	띠
2006	병술(丙戌)	개띠
2007	정해(丁亥)	돼지띠
2008	무자(戊子)	쥐띠
2009	기축(己丑)	소띠
2010	경인(庚寅)	호랑이띠
2011	신묘(辛卯)	토끼띠
2012	임진(壬辰)	용띠
2013	계사(癸巳)	뱀띠
2014	갑오(甲午)	말띠
2015	을미(乙未)	양띠
2016	병신(丙申)	원숭이띠
2017	정유(丁酉)	닭띠
2018	무술(戊戌)	개띠
2019	기해(己亥)	돼지띠
2020	경자(庚子)	쥐띠
2021	신축(辛丑)	소띠
2022	임인(壬寅)	호랑이띠
2023	계묘(癸卯)	토끼띠
2024	갑진(甲辰)	용띠
2025	을사(乙巳)	뱀띠

아파트 층수와 집주인의 상생상극

고대의 오행설에 의하면 금(金), 목(木), 수(水), 화(火), 토(土) 이 다섯 가지 원소 사이에는 상생상극의 관계가 있다.

상생은 좋은 쪽으로 발전할 수 있게 서로 순리대로 도와주는 관계, 생(生)해 주는 긍정적인 의미의 관계라고 할 수 있다. 상극은 상생과 반대로 서로 대립과 견제, 제약하는 부정적인 관계를 뜻한다.

그러나 서로 도와주는 상생이 좋고 상극은 나쁜 것은 아니다. 상생과 상극이 적절히 조화를 이룰 때에 비로소 질서가 잡히는 것이다.

자신에게 알맞는 건물의 층수를 선택함에 있어서도 이 5행의 각각의 원소(元素)가 독립되어 있는 것이 아니라 서로 의지하고 제약한다는 점, 바로 5행의 상생상극(相生相剋)의 도리를 제대로 알아야 한다.

상생의 관계는 목생화(木生火)
화생토(火生土),
토생금(土生金),
금생수(金生水),
수생목(水生木)

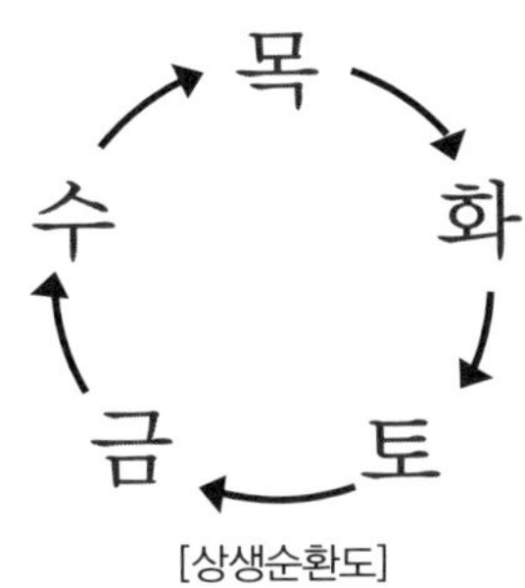

[상생순환도]

여기서 목생화(木生火)는 나무가 타서 불이 생긴다.

화생토(火生土), 불에 탄 재가 흙이 된다.

토생금(土生金), 모든 금속은 땅에서 캐낸다.

금생수(金生水), 금은 융화하여 물이 된다.

수생목(水生木), 물은 나무를 자라게 한다.

상극의 관계는 금극목(金克木),
목극토(木克土),
토극수(土克水),
수극화(水克火)
화극금(火克金)

[상극관계]

여기서 금극목(金克木)은 도끼의 금속날에 나무가 찍혀 쓰러진다.

목극토(木克土), 나무 뿌리가 땅속 깊게 뻗어나간다.

토극수(土克水), 흙으로 둑을 쌓으면 물을 막아낸다.

수극화(水克火), 물은 불을 끈다.

화극금(火克金), 불은 금속을 녹여낸다.

누설의 관계는 토설화(土泄火),
금설토(金泄土),
수설금(水泄金),
목설수(木泄水),
화설목(火泄木)

물(水)은 나무(木)를 자라게 하면서 영양분을 공급해 주므로 상생한다. 그러나 나무(木)의 입장에서는 물(水)을 흡수하면서 자라므로 목(木)은 물(水)이 새게 하는 누설이다. 그러므로 누설은 상극에 속한 흉이다. 그 정도는 경미하지만 그의 작용은 상생에 비해 상극에 더 가깝다.

아파트 층을 선택함에 있어서 반드시 유의해야 할 것은 층수의 5행이 주인의 5행에 상생 작용을 하면 길하다. 하지만 반대로 층수의 5행이 주인의 5행에 상극이나 누설(漏泄) 작용을 하면 불길하다. 그러나 주인의 5행이 층수 5행에 상극 작용을 하면 그것은 중등(中等), 상생과 상극의 중간으로 여긴다.

알기 쉽게 예를 들어 설명해 보자.

돼지띠이자 5행이 수(水)에 해당하는 집주인이 1층이나 6층에 입주하려고 한다. 이때는 층수의 5행 수(水)가 주인의 오행 수(水)를 돕는 격이니 길하다.

층수의 오행 주인의 오행

水 → 水

상생

이 돼지띠의 주인(水)이 4층이나 9층에 입주하려 한다면 층수의 5행 금(金)이 주인의 오행 수(水)와 상생하는 격이므로 역시 길하다.

층수의 오행 주인의 오행

金 → 水

상생

돼지띠의 주인(水)이 5층이나 10층에 입주하면 층수의 5행 토(土)는 주인의 오행 수(水)와 상극하는 격이니 흉하다.

층수의 오행 주인의 오행

土 → 水

상극

돼지띠의 주인(水)이 3층이나 8층에 입주하면 층수 5행 목(木)이 주인의 오행 수(水)를 누설(漏泄)하는 격이니 역시 흉하다.

돼지띠의 주인(水)이 2층이나 7층에 입주한다면 층수 5행 화(火)가 주인의 오행 수(水)에게 극(克)제 되므로 중등(中等) 결론을 얻게 된다.

주인의 오행 층수의 오행

火 ➡ 水

중등

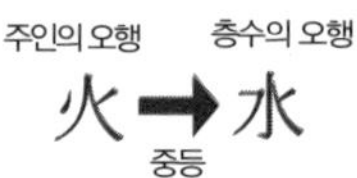

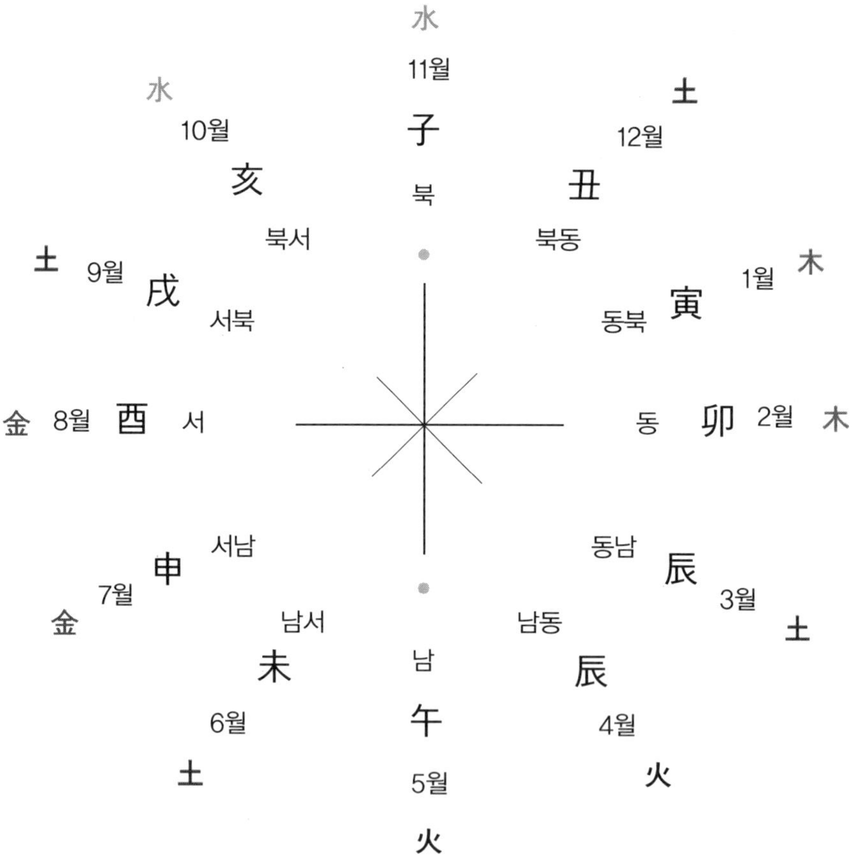
水
11월
子
북
水
10월
亥
북서
土
12월
丑
북동
土
9월
戌
서북
木
1월
寅
동북
金
8월
酉
서
동
卯
2월
木
서남
申
7월
金
동남
辰
3월
土
남서
未
6월
土
남동
辰
4월
火
남
午
5월
火

집주인의 띠에 알맞는 층 선택 방법

집주인의 띠에 적합한 층을 알아보자.

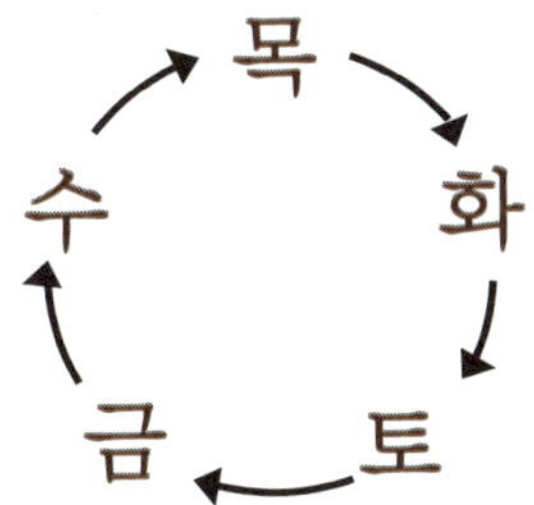

1층과 6층은 5행 중 북(北)과 수(水)에 속하므로 쥐, 범, 토끼, 돼지띠 주인에게 적절하다.

층수의 오행 주인의 오행
水 → 水 (쥐, 돼지)
상생

층수의 오행 주인의 오행
水 → 木 (범, 토끼)
상생

2층과 7층은 5행 중 남(南)과 화(火)에 속하므로 소, 용, 뱀, 말, 양, 개띠 주인에게 적절하다.

층수의 오행 주인의 오행
火 ➡ 火 (뱀, 말)
상생

층수의 오행 주인의 오행
火 ➡ 土 (소, 용, 양, 개)
상생

3층과 8층은 5행 중 동(東)과 목(木)에 속하므로 범, 토끼, 뱀, 말띠 주인에게 적절하다.

층수의 오행 주인의 오행
木 ➡ 木 (범, 토끼)
상생

층수의 오행 주인의 오행
木 ➡ 火 (뱀, 말)
상생

4층과 9층은 5행 중 서(西)와 금(金)에 속하므로 쥐, 원숭이, 닭, 돼지띠 주인에게 적절하다.

층수의 오행 주인의 오행
金 ➡ 金 (원숭이, 닭)
상생

층수의 오행 주인의 오행
金 ➡ 水 (쥐, 돼지)
상생

5층과 10층은 5행 중 중앙(中央)과 토(土)에 속하므로 소, 용, 양, 원숭이, 개띠 주인에게 적절하다.

층수의 오행 주인의 오행
土 → 土 (소, 용, 양, 개)
상생

층수의 오행 주인의 오행
土 → 金 (원숭이)
상생

자신의 오행에 맞는 층을 선택하면 재산 증진에도 유리하다.
그러나 이미 입주하여 살고 있는 상태에서 층을 잘못 선택했다는 것을 깨달았을 때는 어떻게 해야 할까? 다시 이사를 하는 방법밖에 없는 것일까? 아니다. 이사를 하지 않고도 재운을 살리는 방법이 있다.
앞에서 살펴본 택명을 배합하는 방법도 있고 그보다 더욱 간편한 방법도 있다. 즉 거실이나 침실의 재위에 만년청이나 어항(금붕어) 등을 놓아두면 재운이 활성화된다. 이와 반대로 자신에게 적합한 층을 올바로 선택했더라도 거실이나 침실의 재위에 대형 옷장이나 잡다한 가구 등을 놓는다면 재운이 압박을 받아 효능을 제대로 발휘하지 못하고 오히려 감소시키게 된다.
이외에도 재위 곁에 창문이 열려 있거나 재위 부분이 통로(복도)라면 좋은 효과를 상실하게 된다.

보충설명

오행을 말하기에 앞서 이 우주는 원래 혼돈이었다고 할 수 있다. 혼돈에서 태극으로 태극에서 다시 음양으로 나뉘었다고 했다. 그러므로 음양은 태극이 변한 후의 첫 단계이고 오행의 전 단계라고 할 수 있다.

그러나 음양오행은 서로 분리되어 존재하는 것이 아니라 밀접한 관계로 맺어져 있다. 편리를 위해 음양을 우선 살펴보기로 하자.

음양이란 서로 상반된 개념이다. 즉 만물이 크고 작다거나 높고 낮다거나 가볍고 무겁다 등 서로 상반된 형태를 이루고 있는 것이다. 이들이 상호작용을 하면서 어느 한쪽으로 치우침이 없이 조화와 균형을 이루며 유지해 가는 것이다. 이 우주에는 음양으로 존재하지 않는 것이 없다.

하늘과 땅, 빛과 어둠, 선과 악, 남과 여, 시간과 공간, 모순과 균형, 추위와 더위, 과거와 미래, 팽창과 수축, 동양과 서양, 적극적과 소극적, 부드러움과 강함, 암컷과 수컷, 여름과 겨울, 불과 물, 시작과 끝, 창과 방패 등 수없이 많다.

오행이란 금(金), 목(木), 수(水), 화(火), 토(土)를 말한다. 그 수가 다섯이어서 '5' 이고, 하늘과 땅 사이를 마음대로 왕래한다고 해서 '행(行)', 즉 오행이라고 한다.

오행, 즉 목(木), 화(火), 토(土), 금(金), 수(水)는 물질 세계의 가장 기본적인 다섯 가지 원소(元素)로서 세상 만물에는 모두 그의 오행 속성(屬性)을 찾아볼 수 있다. 그러므로 오행의 다섯 가지 중에서 어느 것이 가장 강하다거나 약하다고 말할 수 없다는 것을 알 수 있다. 음양과 마찬가지로 오행도 상호 의존적이며 평등하다.

그것들은 자신의 존재를 낳는 사슬에 연결되어 있을 뿐 서로 힘을 다투지는 않는다. 각각은 자신의 고유한 위치와 역할이 있는 것이다.

오행은 제각각의 성질을 띄고 있다.

목(木)은 발아 생장의 특성을 가졌고,

화(火)는 발열 상향의 특성을 가졌다.

토(土)는 곡식을 심어 만물을 낳는 특성을 가졌고,

금(金)은 늑살(勒殺) 변혁의 특성을 가졌으며,

수(水)는 적시고 아래로 새는 특성을 가졌다.

오행의 성질을 좀더 자세히 살펴보자.

목(木)은 나무를 상징한다. 나무는 위로 뻗쳐오르는 성질이 있듯이 우리 인생에 있어서도 무엇인가를 시작하려는 의욕과 힘이 솟아나는 소년기와 같다. 즉 처음과 시작이라는 의미를 가지고 한 방향으로 나아가는 것이다. 만물이 소생하는 봄과 동쪽에서 떠오르는 해도 목에 해당한다.

화(火)는 불을 상징한다. 활활 타오르는 불은 청년기와 같다. 목의 풋내기 소년에서 한 단계 성장하여 사리분별을 할 수 있는 나이가 된 것이다. 계절로는 여름에 해당되는데 푹푹 찌는 여름에 만물은 성장을 촉진하기 때문이다. 그러나 이처럼 불이 장점만 가지고 있는 것은 아니어서 그 도가 지나치면 걷잡을 수 없듯이 방향을 잃을 수도 있다. 방위로는 남쪽에 해당한다.

토(土)는 흙을 상징한다. 목(木)과 화(火)가 성장기에 해당한다면 토는 완숙기에 접어듬을 말한다. 성장을 멈추고 열매를 맺는 시기, 즉 인생에 있어서는 중년기라 하여 차분히 과거를 돌아보는 시기라 할 수 있다. 음과 양의 중간적인 위치이다.

가정의 장남처럼 어떤 일에 있어서도 흔들리지 않고 경거망동하지 않으며 중심을 잡고 묵묵히 미래를 꿈꾸는 역할을 한다.

금(金)은 쇠를 의미한다. 쇠는 달굴수록 단단하게 단련되어 좋은 칼이 된다. 이와 마찬가지로 인생에 있어서도 결실을 거두는 단계이며 해가 지는 서쪽을 나타낸다.
수(水)는 물을 상징한다. 방위로는 북쪽이며 겨울에 해당한다. 인생에 있어서는 노년기이다.

우주의 사물은 모두 제각기 오행에 귀속(歸屬)되어 있다.
때문에 목, 화, 토, 금, 수는 이미 개념상에서 그들 본신이 아니고 특성상으로 물체나 그 현상 등에서 서로 비슷한 한 개 큰 부류의 추상적인 성질을 의미한다.

예를 들면
방위 면에서는 동, 남, 중, 서, 북
날씨 면에서는 바람, 더위, 건조, 조습, 추위
색깔 면에서는 푸른색, 붉은색, 노란색, 흰색, 검은색
오성(五聲) 면에서는 각(角), 징(徵), 궁(宮), 상(商), 우(羽)
오미(五味) 면에서는 신맛, 쓴맛, 단맛, 매운맛, 짠맛

오장(五臟) 면에서는 간장(肝臟), 심장(心臟), 비장(脾臟), 폐장(肺臟), 신장(腎臟) 오상(五常) 면에서는 인(仁), 예(禮), 신(信), 의(義), 지(智) 등등이다.

앞에서도 살펴보았지만 오행상생은, 목은 화를 생(生)하고, 화는 토를 생하고, 토는 금을 생하고, 금은 수를 생하고, 수는 목을 생한다. 이처럼 오행은 순환하면서 상생한다.

오행상극은, 금은 목을 억제하고 목은 토를 억제하고, 토는 수를 억제하고, 수는 금을 억제하는 등 오행은 순환하면서 서로 억제한다.

五行의 속성

	목(木)		화(火)		토(土)				금(金)		수(水)	
	양(陽)	음(陰)	양(陽)	음(陰)	양(陽)		음(陰)		양(陽)	음(陰)	양(陽)	음(陰)
천간(天干)	갑(甲)	을(乙)	병(丙)	정(丁)	무(戊)		기(己)		경(庚)	신(辛)	임(壬)	계(癸)
육신(肉身)	청룡(靑龍)		주작(朱雀)		구진(句陳)		등사(螣蛇)		백호(白虎)		현무(玄武)	
지지(地支) 띠별	인(寅) 호랑이	묘(卯) 토기	오(午) 말	사(巳) 뱀	진(辰) 용	술(戌) 개	축(丑) 소	미(未) 양	신(申) 원숭이	유(酉) 닭	자(子) 쥐	해(亥) 돼지
계절	봄		여름		3월	9월	12월	6월	가을		겨울	
방위	동쪽		남쪽		중앙				서쪽		북쪽	
색	청(靑)		적(赤)		황(黃)				백(白)		흑(黑)	
성질	인(仁)		예(禮)		신(信)				의(義)		지(智)	
맛	신맛		쓴맛		단맛				매운맛		짠맛	
수(數)	삼(三)팔(八)		이(二)칠(七)		오(五)십(十)				사(四)구(九)		일(一)육(六)	
왕(旺)	춘(春)		하(夏)		사계(四季)				추(秋)		동(冬)	
상(相)	동(冬)		춘(春)		하(夏)				사계(四季)		추(秋)	
사(死)	추(秋)		동(冬)		춘(春)				하(夏)		사계(四季)	
수(囚)	사계(四季)		추(秋)		동(冬)				춘(春)		하(夏)	
휴(休)	하(夏)		사계(四季)		추(秋)				동(冬)		춘(春)	

띠와 재운에 길한 방위

자신이 태어난 해와 띠를 알면 재운이 있는 책상의 자리와 주택의 방위를 알 수 있는 방법을 소개한다.

쥐띠인 사람

재운이 있는 책상 자리

1912년생의 사람에게는 동남(東南)을 자리한 방위가 길하고, 1924년생인 사람에게는 동남을 자리한 방위가 길하다. 또 1936년생의 사람에게는 서방을 자리한 방위가 길하며, 1948년생의 사람에게는 북방을 자리한 방위가 길하다. 또 1960년생인 사람에게는 동방을 자리한 방위가 길하고, 1972년생의 사람에게는 동남을 자리한 방위가 길하다. 1984년생인 사람에게도 역시 동남방을 자리한 방위가 길하다. 1996년생의 사람에게는 북방을 자리한 방위가 길하다. 2008년생의 사람에게는 동남을 자리한 방위가 길하다. 2020년생의 사람에게는 서방을 자리한 방위가 길하다.

재운이 있는 주택 방위

동을 자리한 서향집, 서를 자리한 동향집, 북을 자리한 남향집 등이 길하다.

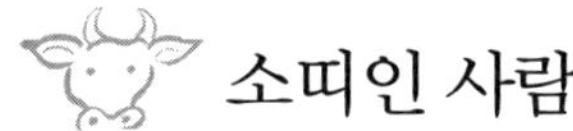

소띠인 사람

재운이 있는 책상 자리

1913년생의 사람에게는 남을 자리한 방위가 길하고, 1925년생인 사람에게는 동남을 자리한 방위가 길하다. 또 1937년생의 사람에게는 서방을 자리한 방위가 길하며, 1949년생의 사람에게는 북방을 자리한 방위가 길하다. 또 1961년생인 사람에게는 동북을 자리한 방위가 길하고, 1973년생의 사람에게는 남을 자리한 방위가 길하다. 1985년생인 사람에게도 역시 동남방을 자리한 방위가 길하다. 1997년생의 사람에게는 남을 자리한 방위가 길하다. 2009년생의 사람에게는 동남을 자리한 방위가 길하다.

재운이 있는 주택 방위

북을 자리한 남향집, 서를 자리한 동향집, 남을 자리한 북향집 등이 길하다.

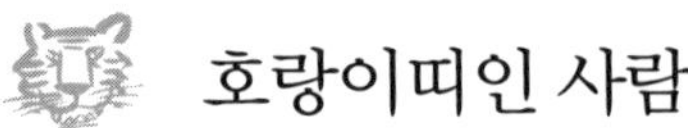

호랑이띠인 사람

재운이 있는 책상 자리

1914년생의 사람에게는 동남을 자리한 방위가 길하고, 1926년생인 사람에게는 서방을 자리한 방위가 길하다. 또 1938년생의 사람에게는 동방을 자리한 방위가 길하며, 1950년생의 사람에게는 북방을 자리한 방위가 길하다.

또 1962년생인 사람에게는 동방을 자리한 방위가 길하고, 1974년생의 사람에게는 동남을 자리한 방위가 길하다. 1986년생인 사람에게는 서방을 자리한 방위가 길하다. 1998년생의 사람에게는 동남을 자리한 방위가 길하다. 2010년생의 사람에게는 동남을 자리한 방위가 길하다.

재운이 있는 주택 방위

동을 자리한 서향집, 서를 자리한 동향집, 남을 자리한 북향집 등이 길하다

토끼띠인 사람

재운이 있는 책상 자리

1915년생의 사람에게는 동남을 자리한 방위가 길하고, 1927년생인 사람에게는 서남을 자리한 방위가 길하다. 또 1939년생의 사람에게는 북을

자리한 방위가 길하며, 1951년생의 사람에게는 동방을 자리한 방위가 길하다.

또 1963년생인 사람에게는 남을 자리한 방위가 길하고, 1975년생의 사람에게는 동남을 자리한 방위가 길하다. 1987년생인 사람에게는 서남방을 자리한 방위가 길하다. 1999년생의 사람에게는 동남을 자리한 방위가 길하다. 2011년생의 사람에게는 서남을 자리한 방위가 길하다.

재운이 있는 주택 방위

동을 자리한 서향집, 남을 자리한 북향집, 북을 자리한 남향집 등이 길하다.

용띠인 사람

재운이 있는 책상 자리

1916년생의 사람에게는 북을 자리한 방위가 길하고, 1928년생인 사람에게는 북을 자리한 방위가 길하다. 또 1940년생의 사람에게는 동방을 자리한 방위가 길하며, 1952년생의 사람에게는 동남방을 자리한 방위가 길하다. 또 1964년생인 사람에게는 동방을 자리한 방위가 길하고, 1976년생의 사람에게는 서방을 자리한 방위가 길하다. 1988년생인 사람에게는 북방을 자리한 방위가 길하다. 2000년생의 사람에게는 동남을 자리한 방위가 길하다. 2012년생의 사람에게는 북을 자리한 방위가 길하다.

재운이 있는 주택 방위

동을 자리한 서향집, 서를 자리한 동향집, 북을 자리한 남향집 등이 길하다.

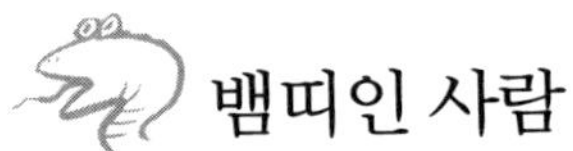

뱀띠인 사람

재운이 있는 책상 자리

1917년생의 사람에게는 서방을 자리한 방위가 길하고, 1929년생인 사람에게는 북을 자리한 방위가 길하다. 또 1941년생의 사람에게는 동남을 자리한 방위가 길하며, 1953년생의 사람에게는 남을 자리한 방위가 길하다.

또 1965년생인 사람에게는 동남방을 자리한 방위가 길하고, 1977년생의 사람에게는 서방을 자리한 방위가 길하다. 1989년생인 사람에게는 북방을 자리한 방위가 길하다. 2001년생의 사람에게는 서방을 자리한 방위가 길하다. 2013년생의 사람에게는 북을 자리한 방위가 길하다.

재운이 있는 주택 방위

남을 자리한 북향집, 북을 자리한 남향집 등이 길하다.

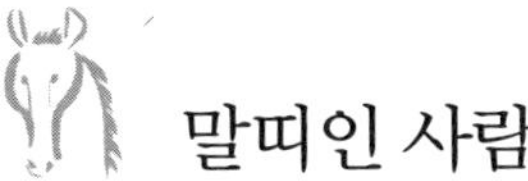

말띠인 사람

재운이 있는 책상 자리

1918년생의 사람에게는 북을 자리한 방위가 길하고, 1930년생인 사람에게는 동을 자리한 방위가 길하다. 또 1942년생의 사람에게는 남방을 자리한 방위가 길하며, 1954년생의 사람에게는 동남을 자리한 방위가 길하다.

또 1966년생인 사람에게는 서방을 자리한 방위가 길하고, 1978년생의 사람에게는 북을 자리한 방위가 길하다. 1990년생인 사람에게는 동방을 자리한 방위가 길하다. 2002년생의 사람에게는 동을 자리한 방위가 길하다. 2014년생의 사람에게는 북을 자리한 방위가 길하다.

재운이 있는 주택 방위

동을 자리한 서향집, 서를 자리한 동향집, 남을 자리한 북향집 등이 길하다.

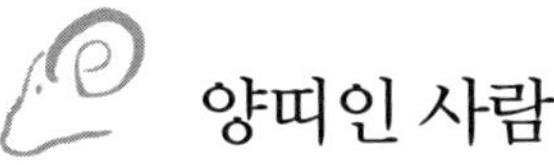

양띠인 사람

재운이 있는 책상 자리

1919년생의 사람에게는 북을 자리한 방위가 길하고, 1931년생인 사람에게는 남을 자리한 방위가 길하다. 또 1943년생의 사람에게는 남을 자리한 방위가 길하며, 1955년생의 사람에게는 동남을 자리한 방위가 길하다.

또 1967년생인 사람에게는 서북을 자리한 방위가 길하고, 1979년생의 사람에게는 북을 자리한 방위가 길하다. 1991년생인 사람에게는 남방을 자리한 방위가 길하다. 2003년생의 사람에게는 북을 자리한 방위가 길하다. 2015년생의 사람에게는 남을 자리한 방위가 길하다.

재운이 있는 주택 방위

동을 자리한 서향집, 남을 자리한 북향집, 북을 자리한 남향집 등이 길하다.

원숭이띠인 사람

재운이 있는 책상 자리

1920년생의 사람에게는 동을 자리한 방위가 길하고, 1932년생인 사람에게는 동남을 자리한 방위가 길하다. 또 1944년생의 사람에게는 동남을 자리한 방위가 길하며, 1956년생의 사람에게는 서방을 자리한 방위가 길하다.

또 1968년생인 사람에게는 북을 자리한 방위가 길하고, 1980년생의 사람에게는 동을 자리한 방위가 길하다. 1992년생인 사람에게는 동남방을 자리한 방위가 길하다. 2004년생의 사람에게는 동을 자리한 방위가 길하다. 2016년생의 사람에게는 동남을 자리한 방위가 길하다.

재운이 있는 주택 방위

동을 자리한 서향집, 서를 자리한 동향집, 북을 자리한 남향집 등이 길하다.

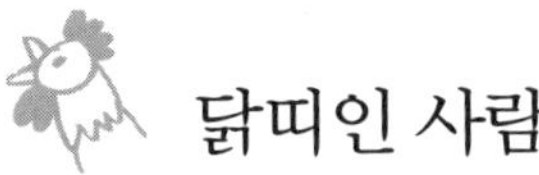

닭띠인 사람

재운이 있는 책상 자리

1921년생의 사람에게는 동남을 자리한 방위가 길하고, 1933년생인 사람에게는 남을 자리한 방위가 길하다. 또 1945년생의 사람에게는 동남을 자리한 방위가 길하며, 1957년생의 사람에게는 서방을 자리한 방위가 길하다.

또 1969년생인 사람에게는 북을 자리한 방위가 길하고, 1981년생의 사람에게는 동남을 자리한 방위가 길하다. 1993년생인 사람에게는 남방을 자리한 방위가 길하다. 2005년생의 사람에게는 동남을 자리한 방위가 길하다. 2017년생의 사람에게는 남을 자리한 방위가 길하다.

재운이 있는 주택 방위

서를 자리한 동향집, 북을 자리한 남향집, 남을 자리한 북향집 등이 길하다.

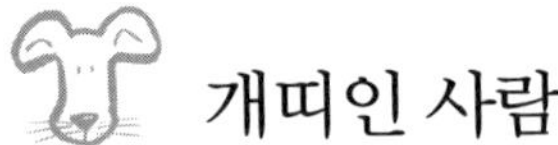

개띠인 사람

재운이 있는 책상 자리

1922년생의 사람에게는 남을 자리한 방위가 길하고, 1934년생인 사람에게는 동남을 자리한 방위가 길하다. 또 1946년생의 사람에게는 서방을 자리한 방위가 길하며, 1958년생의 사람에게는 북방을 자리한 방위가 길하다. 또 1970년생인 사람에게는 동남방을 자리한 방위가 길하고, 1982년생의 사람에게는 남을 자리한 방위가 길하다. 1994년생인 사람에게도 역시 남방을 자리한 방위가 길하다. 2006년생의 사람에게는 동남을 자리한 방위가 길하다. 2018년생의 사람에게는 남을 자리한 방위가 길하다.

재운이 있는 주택 방위

동을 자리한 서향집, 서를 자리한 동향집, 남을 자리한 북향집 등이 길하다.

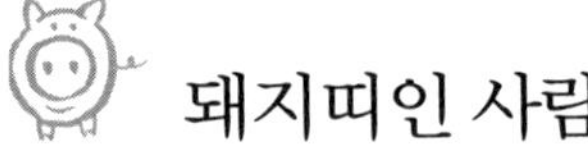

돼지띠인 사람

재운이 있는 책상 자리

1911년생의 사람에게는 동을 자리한 방위가 길하고, 1923년생의 사람에게는 남을 자리한 방위가 길하고, 1935년생인 사람에게는 동남을 자리한 방위가 길하다. 또 1947년생의 사람에게는 서북을 자리한 방위가 길하며, 1959년생의 사람에게는 북방을 자리한 방위가 길하다. 또 1971년생인 사람에게는 동방을 자리한 방위가 길하고, 1983년생의 사람에게는 남을 자리한 방위가 길하다. 1995년생인 사람에게는 동남방을 자리한 방위가 길하다. 2007년생의 사람에게는 동남을 자리한 방위가 길하다. 2019년생의 사람에게는 남을 자리한 방위가 길하다.

재운이 있는 주택 방위

동을 자리한 서향집, 남을 자리한 북향집, 북을 자리한 남향집 등이 길하다.

◈알기 쉽게 표로 정리해 보자.

띠	연도	길한 책상 자리	길한 주택 방위
쥐띠	1912	동남을 자리한 방위	동을 자리한 서향집
	1924	동남을 자리한 방위	서를 자리한 동향집
	1936	서방을 자리한 방위	북을 자리한 남향집
	1948	북방을 자리한 방위	
	1960	동방을 자리한 방위	
	1972	동남을 자리한 방위	
	1984	동남방을 자리한 방위	
	1996	북방을 자리한 방위	

띠	연도	길한 책상 자리	길한 주택 방위
쥐띠	2008	동남을 자리한 방위	
	2020	서방을 자리한 방위	
소띠	1913	남을 자리한 방위	북을 자리한 남향집
	1925	동남을 자리한 방위	서을 자리한 동향집
	1937	서방을 자리한 방위	남을 자리한 북향집
	1949	북방을 자리한 방위	
	1961	동북을 자리한 방위	
	1973	남을 자리한 방위	
	1985	동남방을 자리한 방위	
	1997	남을 자리한 방위	
	2009	동남방을 자리한 방위	
호랑이띠	1914	동남을 자리한 방위	동을 자리한 서향집
	1926	서방을 자리한 방위	서를 자리한 동향집
	1938	동방을 자리한 방위	남을 자리한 북향집
	1950	북방을 자리한 방위	
	1962	동방을 자리한 방위	
	1974	동남을 자리한 방위	
	1986	서방을 자리한 방위	
	1998	동남을 자리한 방위	
	2010	동남을 자리한 방위	
토끼띠	1915	동남을 자리한 방위	동을 자리한 서향집
	1927	서남을 자리한 방위	남을 자리한 북향집
	1939	북방을 자리한 방위	북을 자리한 남향집
	1951	동방을 자리한 방위	
	1963	남을 자리한 방위	
	1975	동남을 자리한 방위	

띠	연도	길한 책상 자리	길한 주택 방위
토끼띠	1987	서남방을 자리한 방위	
	1999	동남방을 자리한 방위	
	2011	서남방을 자리한 방위	
용띠	1916	북을 자리한 방위	동을 자리한 서향집
	1928	북을 자리한 방위	서를 자리한 동향집
	1940	동방을 자리한 방위	북을 자리한 남향집
	1952	동남방을 자리한 방위	
	1964	동방을 자리한 방위	
	1976	서방을 자리한 방위	
	1988	북방을 자리한 방위	
	2000	동남을 자리한 방위	
	2012	북방을 자리한 방위	
뱀띠	1917	서방을 자리한 방위	남을 자리한 북향집
	1929	북을 자리한 방위	북을 자리한 남향집
	1941	동남을 자리한 방위	
	1953	남방을 자리한 방위	
	1965	동남방을 자리한 방위	
	1977	서방을 자리한 방위	
	1989	북방을 자리한 방위	
	2001	서방을 자리한 방위	
	2013	북방을 자리한 방위	
말띠	1918	북을 자리한 방위	동을 자리한 서향집
	1930	동을 자리한 방위	서를 자리한 동향집
	1942	남방을 자리한 방위	남을 자리한 북향집
	1954	동남을 자리한 방위	
	1966	서방을 자리한 방위	

띠	연도	길한 책상 자리	길한 주택 방위
말띠	1978	북을 자리한 방위	
	1990	동방을 자리한 방위	
	2002	동방을 자리한 방위	
	2014	북방을 자리한 방위	
양띠	1919	북을 자리한 방위	동을 자리한 서향집
	1931	남을 자리한 방위	남을 자리한 북향집
	1943	남방을 자리한 방위	북을 자리한 남향집
	1955	동남방을 자리한 방위	
	1967	서북을 자리한 방위	
	1979	북을 자리한 방위	
	1991	남방을 자리한 방위	
	2003	북을 자리한 방위	
	2015	남방을 자리한 방위	
원숭이띠	1920	동방을 자리한 방위	동을 자리한 서향집
	1932	동남을 자리한 방위	서를 자리한 동향집
	1944	동남을 자리한 방위	북을 자리한 남향집
	1956	서방을 자리한 방위	
	1968	북방을 자리한 방위	
	1980	동방을 자리한 방위	
	1992	동남방을 자리한 방위	
	2004	동방을 자리한 방위	
	2016	동남방을 자리한 방위	
닭띠	1921	동남방을 자리한 방위	서를 자리한 동향집
	1933	남을 자리한 방위	북을 자리한 남향집
	1945	동남을 자리한 방위	남을 자리한 북향집
	1957	서방을 자리한 방위	

띠	연도	길한 책상 자리	길한 주택 방위
닭띠	1969	북방을 자리한 방위	
	1981	동남을 자리한 방위	
	1993	남방을 자리한 방위	
	2005	동남을 자리한 방위	
	2017	남을 자리한 방위	
개띠	1910	동남을 자리한 방위	동을 자리한 서향집
	1922	남방을 자리한 방위	서를 자리한 동향집
	1934	동남을 자리한 방위	남을 자리한 북향집
	1946	서방을 자리한 방위	
	1958	북방을 자리한 방위	
	1970	동남방을 자리한 방위	
	1982	남을 자리한 방위	
	1994	남을 자리한 방위	
	2006	동남을 자리한 방위	
	2018	남을 자리한 방위	
돼지띠	1911	동방을 자리한 방위	동을 자리한 서향집
	1923	남방을 자리한 방위	남을 자리한 북향집
	1935	동남을 자리한 방위	북을 자리한 남향집
	1947	서북을 자리한 방위	
	1959	북방을 자리한 방위	
	1971	동방을 자리한 방위	
	1983	남을 자리한 방위	
	1995	동남을 자리한 방위	
	2007	동남을 자리한 방위	
	2019	남을 자리한 방위	

동서명괘

동서명괘는 앞에서 언급했지만 여기에서 다시 한번 살펴보기로 하자. 명괘(命卦)는 태어난 해에 따라 크게 동사명과 서사명으로 나뉜다. 그리고 동사명과 서사명은 각각 네 가지로 구분된다. 자신의 명괘를 찾아낸 뒤에는 각각에 맞는 길흉(吉凶) 방위를 알 수가 있다.

동사명, 감(坎)괘 ☵

남성 _ 1918, 1927, 1936, 1945,1954, 1963, 1972, 1981, 1990, 1999년생

여성 _ 1914, 1923, 1932, 1941, 1950, 1959, 1968, 1977, 1986, 1995년생

동사명, 이(離)괘 ☲

남성 _ 1919, 1928, 1937, 1946, 1955, 1964, 1972, 1982, 1991, 2000년생

여성 _ 1913, 1922, 1931, 1940, 1949, 1958, 1967, 1976, 1985, 1994년생

동사명, 진(震)괘 ☳

남성 _ 1916, 1925, 1934, 1943, 1952, 1961, 1970, 1979, 1988, 1997년생

여성 _ 1916, 1925, 1934, 1943, 1952, 1961, 1970, 1979, 1988, 1997년생

동사명, 손(巽)괘 ☴

남성 _ 1915, 1924, 1933, 1942, 1951, 1960, 1969, 1978, 1987, 1996년생

여성 _ 1917, 1926, 1935, 1944, 1953, 1962, 1971, 1980, 1989, 1998년생

서사명, 건(乾)괘 ☰

남성 _ 1913, 1922, 1931. 1940, 1949, 1958, 1967, 1976, 1985, 1994년생

여성 _ 1919, 1929, 1937, 1946, 1955, 1964, 1973, 1984, 1991, 2000년생

서사명, 곤(坤)괘 ☷

남성 _ 1914, 1917, 1923, 1926, 1932, 1935, 1941, 1944, 1950, 1953, 1959, 1962, 1968, 1971, 1977, 1980, 1986, 1989, 1995, 1998년생

여성 _ 1915, 1924, 1933, 1942, 1951, 1960, 1969, 1978, 1986, 1995년생

서사명, 간(艮)괘 ☶

남성 _ 1920, 1929, 1938, 1947, 1956, 1965, 1974, 1983, 1992, 2001년생

여성 _ 1912, 1918, 1927, 1930, 1936, 1939, 1945, 1948, 1954, 1957, 1963, 1966, 1972, 1975, 1981, 1984, 1990, 1993, 1999년생

서사명, 태(兌)괘 ☱

남성 _ 1912, 1921, 1930, 1939, 1948, 1957, 1966, 1975, 1984, 1993년생

여성 _ 1920, 1929, 1938, 1947, 1956, 1965, 1974, 1983, 1992, 2001년생

자신이 어느 명괘에 속하는지를 안 다음에는 아래의 그림을 통하여 길흉(吉凶) 방위가 어디인지를 이해할 수 있다. 이것을 기초로 주택 내부를

재배치하면 좋은 효과를 얻을 수 있다.

동사명인의 길한 방위는 북, 동, 남, 혹은 동남을 자리로 한 방위이다. 흉한 방위는 서, 서북, 서남, 동북을 자리로 한 방위이다.

서사명인의 길한 방위는 서, 서북, 서남, 동북을 자리로 한 방위이고 흉한 방위는 북, 남, 동, 동남을 자리로 한 방위이다.

다시 말해서 주택의 내부를 아홉 칸으로 나눈 다음 길한 방위에는 문의 방향, 출입문, 가스레인지의 방향, 침대 등을 놓으면 좋고, 흉한 방위에는 화장실, 가스레인지의 자리 등이다.

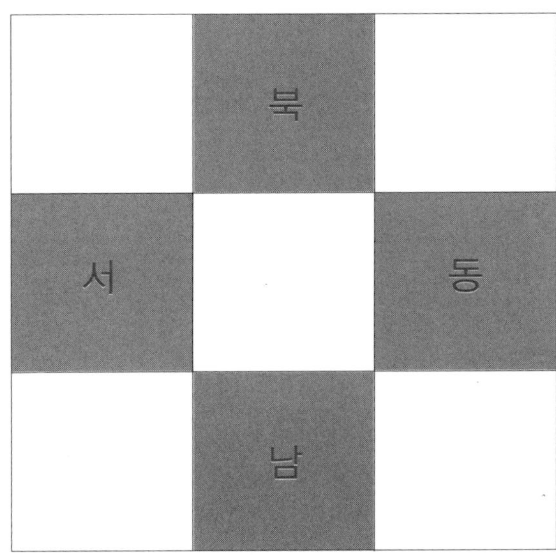

[서사명 길흉 방위표]

회색의 부분은 흉방이며, 동그라미 안에는 괘(卦)명이다.

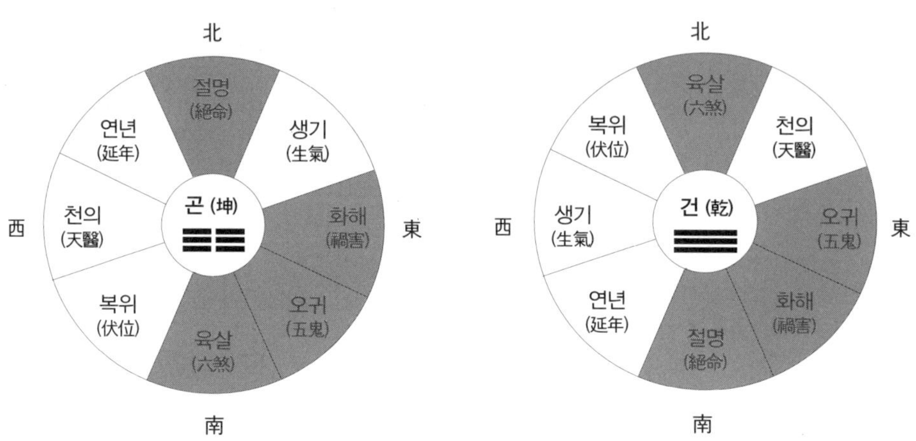

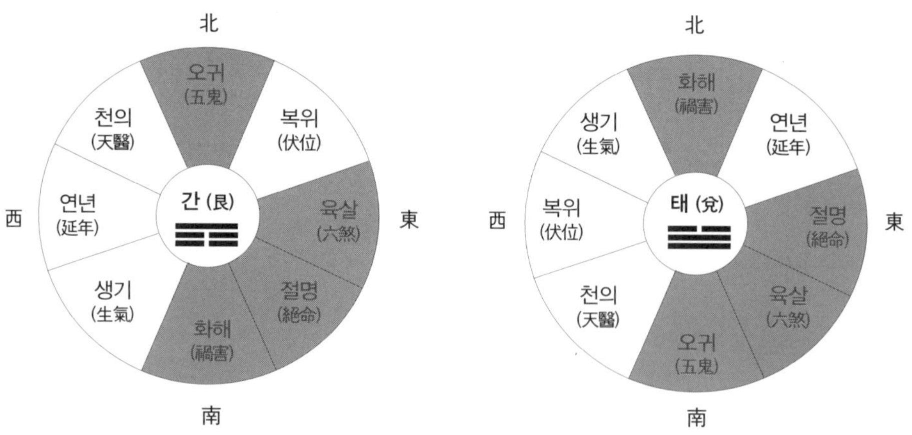

[동사명 길흉 방위표]

회색의 부분은 흉방이며, 동그라미 안에는 괘(卦)명이다.

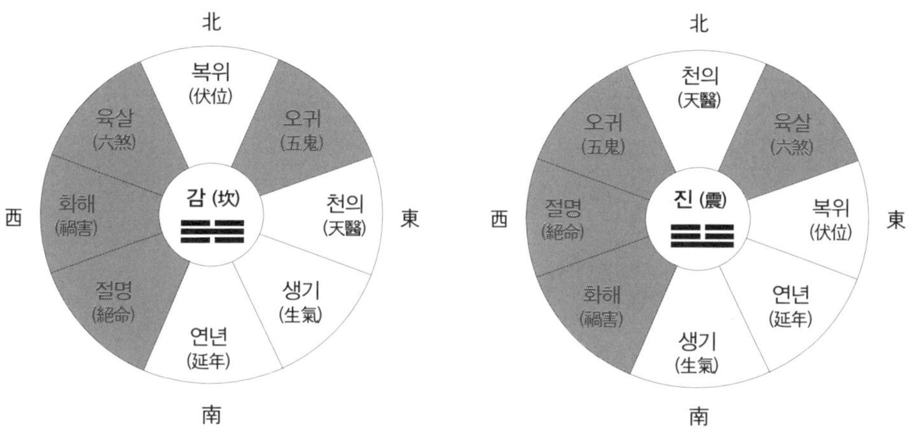

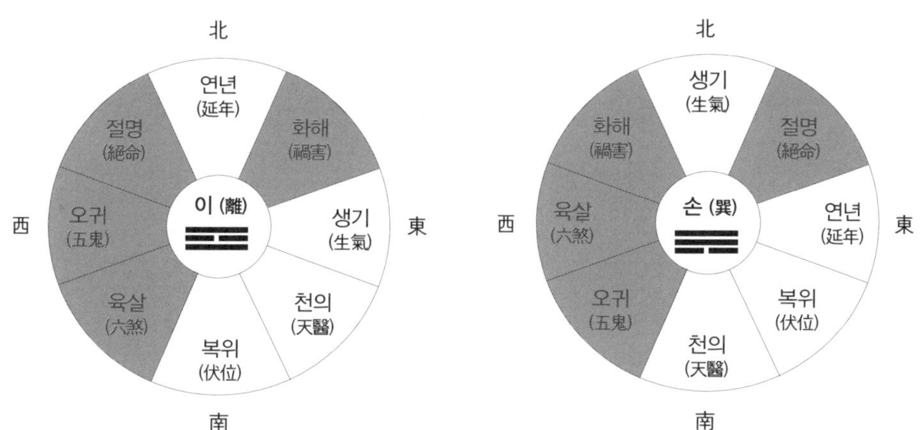

예를 들어 설명해 보자. 1948년에 태어난 사람(남자)은 쥐띠인데 앞의 '띠와 재운에 길한 방위'에서 재운이 있는 주택의 방향은 동을 자리한 서향집, 서를 자리한 동향집, 북을 자리한 남향집 등 세 종류가 있다. 만약 현재 거주하고 있는 주택이 북을 자리한 남향집이라면 매우 잘된 일이다.

이 사람은 서사명 태(兌)괘에 속하는데 그의 길흉 방위에 근거하여 집 내부를 가장 적절하게 배치해 보자(서사명 태괘의 길흉 방위표 참조).

문을 내는 장소를 서쪽이나 서남의 벽에 내고, 응접실은 서남의 길한 방위에 내고 동북 길방에는 주인 침실로 하면서 침대머리는 서남을 향하게 한다. 동방의 흉방에는 화장실을 배치하고 주방의 가스레인지는 북의 흉방에 둔다. 하지만 가스레인지의 방향은 길방인 서쪽을 향하게 해야 한다.

출입문위치와 관련 위치의 속판(速判)표

보통 아파트 1층 출입 대문은 공공 출입구이어서 본 표에서 말하는 출입문은 아니다. 여기에서 말하는 출입문 위치는 자기 집에 들어가는 문의 위치를 말한다.

출입문의 위치	재운의 위치	왕성(旺盛)의 위치	화장실 금지 위치
동	북, 서남	남, 서북	서남
동남	동, 서남	서, 북	동
남	동남	서남, 북	동북
서남	서	서북	북
서	동남, 북	동	서북
서북	동, 남	서남	중앙
북	동, 서남	남, 동북	남
동북	동남	동	서

재운의 시각에서 본네 길성(吉星)

일백성(一白星)

탐낭성(貪狼星)이라고도 하며, 팔괘 방위에서는 감(坎)방에 해당하고, 오행에서는 수(水)에 속한다.

일백성은 중등(中等)의 길성(吉星)으로 주로 재운을 안정시킨다. 재산을 쉽게 쌓을 수 있기 때문에 대기업에 다니는 회사원이나 고정된 수입이 있는 사람에게 특히 유리하다.

길한 시기

가장 길한 유년(流年)은 원숭이띠, 닭띠, 돼지띠, 쥐띠의 해이고, 재운이 가장 강한 달은 7월, 8월, 10월, 11월이다.

길한 위치

이 방위에는 문(門)이나 방(房), 가스레인지, 수도 등을 설치하면 좋다.

육백성(六白星)

무곡성(武曲星)이라고도 하며, 팔괘 방위에서는 건(乾)방이다. 오행으로는 금(金)에 속한다.

육백성은 길성(吉星)이다. 관리 계층 인사들에게 특히 유리하며 재산이 잘 쌓인다.

길한 시기

예금이 가장 많이 되는 해는 소띠, 용띠, 원숭이띠, 닭띠 해이다. 매년 예금이 가장 많이 되는 달은 3월, 7월, 8월, 12 월이다.

길한 위치

문, 방, 가스레인지, 수도 등을 설치하면 좋다.

재위를 보강하려면 옥으로 만든 비휴(맹수로 범이나 곰과 비슷하다)를, 정재(正財, 횡재가 아닌)를 보강하려면 동으로 만든 세 발 달린 두꺼비 하나를 놓아두면 된다.

팔백성(八白星)

좌보성(左輔星)이라고도 하며, 팔괘 방위에서는 간(艮)방이고, 오행으로는 토(土)에 속한다.

팔백성은 길성이고 재운을 왕성하게 한다. 상업계에 종사하는 사람에게 특히 유리하다. 일반 상가에서는 이 별에 대해 각별히 유의하고 보강을 한다면 많은 돈이 흘러들어 온다.

길한 시기

돈을 제일 많이 벌게 될 해는 뱀띠, 말띠, 양띠, 개띠의 해이다. 매년 돈을 제일 많이 벌게 될 달은 4월, 5월, 6월, 9월이다.

길한 위치

이 방위에는 문과 방, 가스레인지를 설치하면 좋다.

이 방위에 옥으로 만든 세 발 가진 두꺼비 하나를 놓아두면 정재(正財)를 보강할 수 있고, 옥으로 만든 비휴를 놓아두면 횡재를 재촉할 수 있다. 이외에도 자수정을 놓아두어도 보강의 효과를 볼 수 있다.

❖ 구자성(九紫星)

우필성(右弼星)이라고도 한다. 팔괘 방위에서는 이(離)방이고, 오행으로는 화(火)에 속하며 금(金), 기(氣)도 가지고 있다.

구자성은 길성이다. 겸직(兼職)과 일급 혹은 성과급 수입자는 이 방위에 자리하면 좋다.

길한 시기

돈을 제일 많이 벌게 될 해는 호랑이띠, 토끼띠, 뱀띠, 말띠의 해이다. 매년 돈을 제일 많이 벌게 될 달은 2월, 4월, 5월이다.

길한 위치

이 방위에는 문과 방, 가스레인지를 설치하면 좋다.

이 방위에 동으로 만든 세 발 두꺼비나 자수정 하나를 놓아두면 보강이 된다.

운과 기가 좋은 주택의 세 가지 조건

환경과 위치

주택의 환경은 매우 중요하다. 좋은 환경이란 명당(明堂)이 주는 재기(財氣)와 문창(文昌, 문과 창문에서 들어오는 길한 기)이 안겨주는 관기(官氣)를 바탕으로 주택의 방향이 좋고 또한 교통이 편리해야 한다.
그뿐만 아니라 구조가 반듯하고 융합이 잘 이루어져 있으며 채광이 좋아 시야가 환하고 생기가 매우 발랄하다는 장점도 있는 것이다. 이외에도 아래에 제시한 위치는 되도록 피하는 것이 좋다.

교차로 부근의 주택은 교통이 불편할 뿐만 아니라 수많은 차량에서 발생하는 소음과 매연으로 거주자의 건강에 해를 미친다. 그리하여 이 주택의 재운(財運), 관운(官運)에도 좋지 않다. 그리고 황사 때문에 건강과 심신의 안정에도 매우 나쁘다.

철도 부근에 있는 주택도 이와 마찬가지로 인체에 좋지 않은 영향을 미치게 된다.
고압 송전탑과 방송 송신탑 부근은 강한 전자파가 흐르게 마련이어서 이런 곳에 오랫동안 거주하면 신경계통이나 면역계통 등에 이상이 발생할 수 있으므로 되도록 피하는 것이 좋다. 주유소 근처는 항상 화재의 위험이 도사리고 있는 곳이며 차량의 소음이 건강에 해를 미치므로 거주할 곳이 못 된다.

외장을 유리로 꾸민 건물의 맞은편에 위치한 주택도 좋지 않기는 마찬가지이다. 이런 곳에서 거주하면 자신의 그림자가 거꾸로 서 있는 듯한 모습을 종종 보게 되는데 여기에서 일종의 압박감을 느끼게 된다. 또 햇볕의 반사로 건강에도 좋지 않은 영향을 미치게 된다.
발코니나 집주인의 침실이 큰길과 일직선이 되는 곳은 도로의 충격을 받으므로 건강에 좋지 않다. 그리고 발코니나 집주인의 침실이 근처 건축물의 예각 모퉁이에 의해 충격을 받는 것은 매우 나쁘다.
풍수학에서는 이를 첨도살(尖刀煞)이라고 한다. 이런 곳에 거주하는 사람은 참을성이 없고 성정이 불같다. 물론 건강에 좋을 수 없다.

또 발코니나 창문 밖으로 불길한 장소(묘지)가 보이거나 공장의 높은 굴뚝이 보이면 나쁘다. 거주자의 심리에 영향을 미쳐서 악몽에 시달리는 등 건강에 매우 해롭다.

고층건물 사이에 끼인 낮은 건물에 산다면 시야가 막혀서 갇혀 있는 듯한 느낌을 받게 되고 토질이 허술한 산비탈에 주택이 너무 가까우면 장마나 폭우 뒤에 산사태가 일어날 수 있기 때문에 좋지 않은 결과를 초래할 수 있다.
그러므로 좋은 주택을 선택하려면 주변 환경을 꼼꼼하게 살펴야 한다.

건축 구조

옛 사람들은 인간이 거주하는 주택과 환경을 아래와 같이 비유했다. '주택의 형세(形勢)는 신체(身體)와 같고, 우물과 시내(溪)는 혈맥(血脈)이며, 토지는 피부와 살이고, 초목은 모발(毛髮)이며, 주택은 의복이고, 문은 갓과 띠—관대(冠帶)와 같다. 모두가 이와 같이 갖추어진 집이라면 그것은 상호의 길택(吉宅)이다.'

올바른 좋은 건축 구조는 주택과 거주자에게 매우 중요하다. 우리는 때때로 어떤 집에 들어섰을 때 정신이 맑고 상쾌해지기도 하는 반면 어떤 집에서는 음침하고 답답한 느낌을 받기도 한다. 이것이 바로 건축 구조 융합에 의한 것이다. 반듯하고 환하며 어느 한 곳도 눈에 거슬림이 없는 구조가 바로 융합인 것이다.

그러나 아래의 건축 유형은 삼가야 한다.
주택은 원래 기를 모으고 양생하는 곳인데 대문이 승강기나 계단과 마주 보면 주택 내(宅內)의 생기(生氣)는 모두 흡수당하고 만다. 이때에는 출입구에 파티션을 설치하거나 현관을 따로 만드는 방법이 있다.
대문과 발코니가 일직선인 경우도 이와 같은 방법으로 해결할 수 있다. 옛말에 '앞과 뒤가 관통(貫通)되면 인(人)과 재(財)가 모두 텅 빈다' 고 했으며 직통되는 바람은 사람의 신체에도 좋지 않다.
그리고 침실 문도 화장실 문과 마주 보면 좋지 않다. 또한 두 침실 문이

맞부딪치는 것도 좋지 않다. 화장실 문과 주방문이 가까이 있다면 반드시 화장실 문을 닫아야 한다. 화장실의 좋지 않은 공기가 실내를 오염시키기 때문이다.

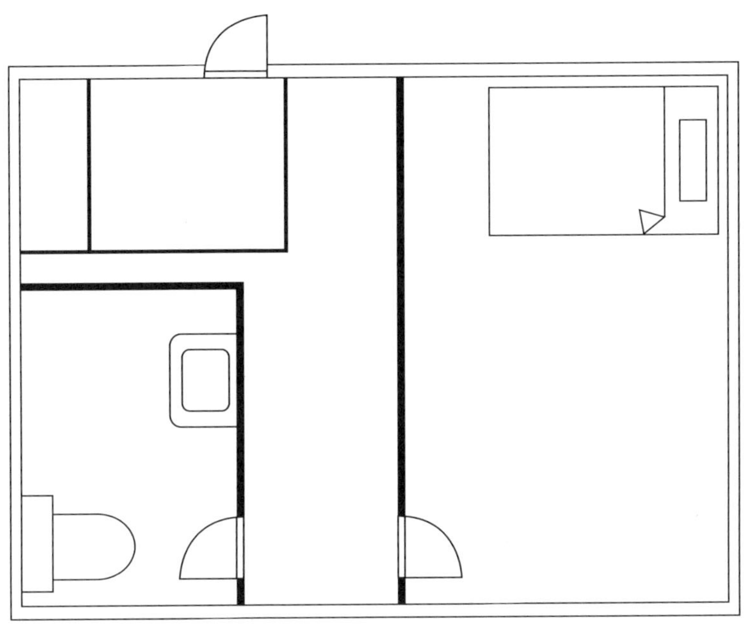

거실, 식당 등에 대들보가 있다면 침대나 의자를 압박하지 않도록 주의해야 한다. 천장은 되도록 높아야 좋다.

주택 내부에는 첨예한 예각이 없어야 한다. 현대의 아파트에는 마름모꼴로 생긴 거실이 많다. 이런 실내에서는 예각들을 흔히 볼 수 있다. 이

예각들은 살기(煞氣)를 내뿜을 뿐만 아니라 실내 구조상 융합을 파괴한다.

이때에는 나무 가구나 낮은 가구 등으로 빈 공간을 채워야 한다. 만약 공간의 여유가 없다면 크고 잎이 우거진 상록수 화분을 놓아두면 된다.

침실의 구조

침실은 인생의 1/3을 보내는 장소로서 기를 흡수하고 정기를 모으는 자리이다. 침실은 그 크기에는 상관없이 편안하면 된다.

그러나 구조에 있어서는 몇 가지 유의할 점이 있다.

침대는 침실에서 가장 중요한 가구이다. 일반적으로 침대의 머리 부분은 남북향으로 한다. 지구 자기마당의 인력(引力)에 순응하기 위해서이다.

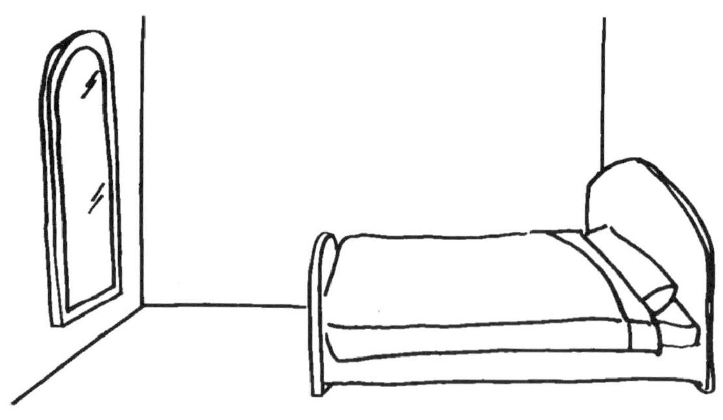

침실의 대들보가 침상을 압박하는 일이 있으면 좋지 않다. 이는 거주자에게 압박과 억압당하는 느낌을 주어 건강에 해롭다. 침대 머리는 문 쪽 가까이에 놓으면 안 된다. 이 점 역시 금기 중의 하나이다.

거울이 베개 위치를 비추면 나쁘다. 잠에 방해를 주어 늘 어리벙벙해지기 때문이다. 침대 머리맡에 놓는 가구는 침대 높이보다 약간 높아야 좋다. 이렇게 하면 숙면을 취할 수 있다.

실내 장식에 있어서 유의할 점

거실은 어둠침침하면 좋지 않다.

객실 풍수에서 가장 중요한 것은 광선(햇빛)이다. 그러므로 발코니에 수많은 화초들을 빼곡히 심는 것은 좋지 않다. 햇빛을 충분히 받을 수 없기 때문이다. 명랑한 객실은 가운에 좋다. 때문에 객실 벽에 색조(色調)가 어두운 그림은 걸지 말아야 한다.

거실이 어둠침침하다면 모란꽃이나 해바라기꽃 그림으로 양기(陽氣)를 북돋워주는 게 좋다. 산수화를 걸 때는 유수(流水)의 흐름이 실내로 향하도록 해야 하며 실외로 향하면 재산의 손실을 입게 된다.

배가 그려진 그림은 뱃머리를 실내로 향하게 해야 한다. 이것은 만선(滿船)의 재산이 들어오는 것을 상징하며, 뱃머리가 실외로 향하면 재산의 유실을 상징한다.

길(吉)한 그림으로는 부귀 영화를 상징하는 모란꽃, 해마다 풍요로움을 상징하는 연꽃, 붉은 잉어, 건강 장수를 상징하는 송백(松柏)과 푸른 소나무, 그리고 건강하고 우아한 내용이 담긴 서법(書法) 들이 좋다.

객실의 마루가 고르지 않으면 좋지 않다.

객실의 마루는 평탄해야 한다. 높낮이가 일정하지 않다면 가운도 굴곡이 생기며 우여곡절이 많게 된다.

거실이나 방안 등에 벽시계를 거는 것은 보편적인 일이다. 벽시계가 풍수에 어떤 작용을 하는지 살펴보자.

첫째, 재운을 불러온다.

둘째, 사기(邪氣)를 물리친다.

셋째, 주인의 운을 상승시킨다.

넷째, 부하를 잘 관리한다.

다섯째, 시간을 기록한다.

그러나 벽시계의 위치를 잘못 선정하면 안 된다. 시계의 정면을 안쪽으로 향하면 안 되며 문이나 발코니 쪽을 향하도록 장식해야 한다.

금붕어를 사용할 수도 있다. 금붕어는 풍수어(風水魚)라고도 하는데 주택 풍수상의 미흡한 점을 보완해 주고 활기와 생기를 불어넣는다. 어항은 적당한 크기가 좋고 그 주변에는 잡다한 물건을 놓아서는 안 되며 가스레인지 쪽을 향하도록 놓아도 안 된다. 왜냐하면 가스레인지는 화(火)에 속하며 어항은 수(水)이므로 서로 상극이기 때문이다. 어항 속에 죽은 금붕어가 있으면 안 되며 어항 위에 재신(財神)을 놓아도 안 된다.

거실에는 녹색 식물이 좋은데 개운죽을 키우면 생기 발랄함을 느낄 수 있고 산소도 내뿜어 건강에 유익하다. 사계절 항상 꽃이 피기를 바랄 수는 없지만 싱싱한 푸른 잎이 있어야 한다. 가끔 잎이 누렇게 변하면 떼어 버리는 것이 좋다.

방에 사람이 있든 없든 방문과 창문을 수시로 여닫는 것이 좋다. 그래야

만 기(氣)가 단절되지 않고 환기도 된다. 대문(출입문)이나 방문 등 문이 작아서 틈새가 많이 벌어지면 재기(財氣)가 모두 새어나가 버린다.

방이 작으면 가구도 그 크기에 맞게 크지 않아야 한다. 거울도 크면 안 된다. 모두 균형을 맞춰야 한다.

일부 가정에서는 팔괘경(八卦鏡, 팔괘가 그려진 거울), 풍경 등을 사용

하여 건강에 해를 입고 있다.

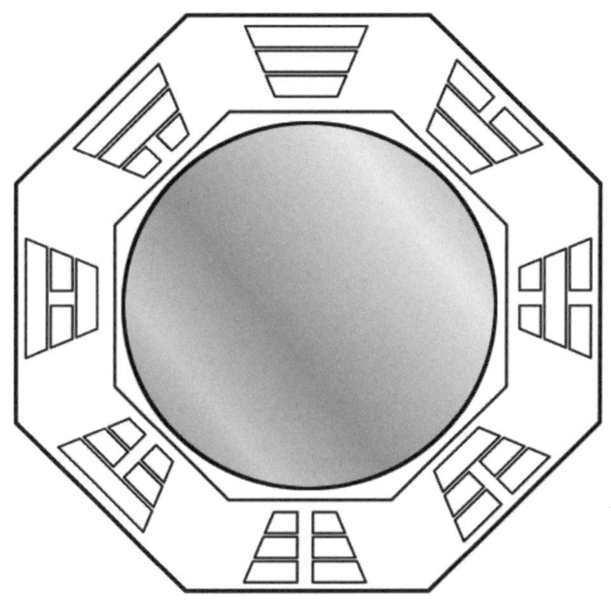

주택 구조상에 문제가 있다면 이처럼 실내 장식이나 식물을 이용해 해결하는 것이 좋다.

방안은 흰색이나 황색, 남색(藍色), 녹색 등으로 꾸미는 것이 좋고 나무 본연의 색깔도 괜찮다. 그러나 검은색은 금기이며 회색은 되도록 피한다. 천장은 연한 색상이 좋고 짙은 색상은 좋지 않다. 마루는 약간 진한 색상이 좋다.

대문과 창문이 재위에 미치는 영향

대문은 가정의 얼굴이다. 지면의 기(氣)는 문을 통해 방으로 들어간다. 마치 사람의 입과 코가 식사와 호흡을 담당하고 있듯이 대문도 매우 중요한 역할을 맡고 있다. 문의 방향은 곧 기가 들어오는 방향이므로 이 방향에 따라 길흉쇠왕(吉凶衰旺)이 나누어진다. 따라서 출입문이나 방문의 설계, 크기 등이 적당해야 길택(吉宅)이라고 할 수 있다.

집은 대궐만 한데 문이 작으면 '폐기(閉氣)' 라고 하여 질병이 발생하고, 집은 작은 반면 문이 크면 '설기(泄氣)' 라 하여 재운이 새어나가 버린다. 그리고 항상 깨끗하고 새로운 느낌이 좋다. 낡으면 좋지 않다. 그리고 파손되면 빨리 바꿔야 한다.

만약 재위에 창문이 있다면 임시로 벽을 만들어 재운이 창문으로 빠져나가는 것을 막아야 한다. 그리고 방문과 일직선에 놓이거나 거실에 들어설 때 주방의 가스레인지가 뻔히 보인다면 매우 좋지 않다.

이때는 가스레인지의 위치를 바꾸든지 파티션이나 다른 가구를 놓아 주방 안이 보이지 않도록 해야 한다.

거실에 들어서자마자 직접 연결된 방문은 좋지 않다. 비밀스러움이 드러나는 것 외에 또 문호(門戶)를 활짝 개방한 느낌을 주어 가내의 안정성을 잃어버리고 만다.

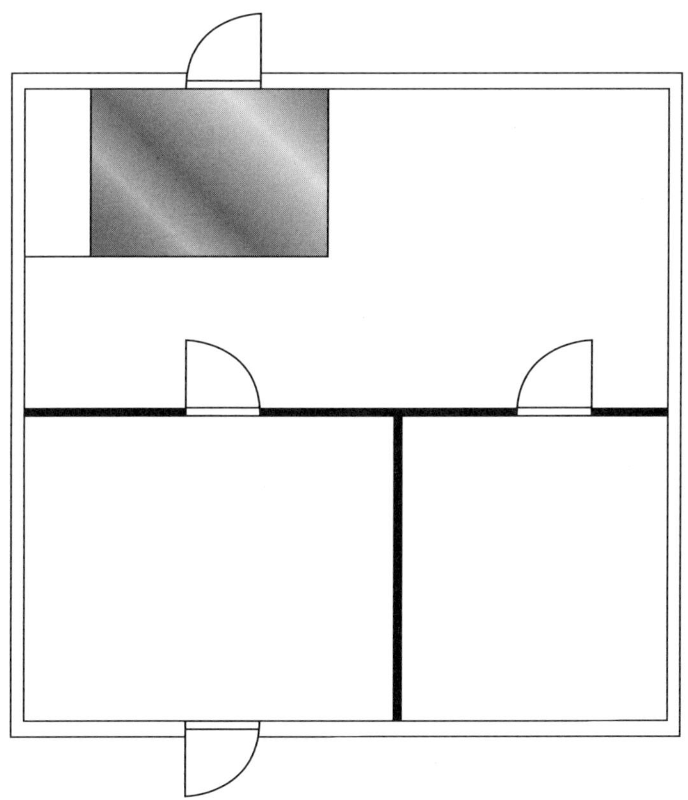

현관문과 방의 뒷문(옛날 한옥집에 많음)이 직통된 것은 질색이다. 이는 벌어들인 재산이 뒷문으로 곧바로 흘러나가 재산을 모을 수가 없다. 복도에서 각각의 방으로 직접 들어갈 수 있는 침실 등, 즉 여관처럼 된 복도와 거실의 구조는 흉하다.

화장실과 주방은 되도록 멀리 하는 게 좋다. 식탁을 대문과 맞대어 놓으면 나쁘다. 정말 피할 수가 없다면 파티션을 이용해서 마주치는 것을 바꿔야 한다.

풍수학에서는 대문 앞에 환한 명당(明堂), 즉 잔디밭이나 평지, 주차장 등이 있는 것을 길하다고 한다. 주택 앞(남쪽)에 이 명당이 있으면 중문(中門, 주작문)을 내도록 한다. 대문이 앞면 중간에 자리하는 게 적당하다.

문이 향하는 네 방향, 즉 동서남북 이 네 방위는 네 가지 동물로 상징된다. 공작(孔雀), 사구(蛇龜), 청룡(靑龍), 백호(白虎)가 바로 그것이다. 그들이 대표하는 방위의 전후좌우를 전 주작(朱雀), 후 현무(玄武), 좌 청룡(靑龍), 우 백호(白虎)로 표시한다. 즉 주택에 대문을 만들 때는 주로 이 네 방위 중에서 선택한다. 남쪽 문을 '주작문', 왼쪽 문을 '청룡문', 오른쪽 문을 '백호문', 북쪽 문을 '현무문'으로 일컫는다.

주택 앞에 명당이 없으면 왼쪽 문(청룡문)을 내는 것이 비교적 좋다. 왜냐하면 왼쪽은 청룡(靑龍)위이고 청룡은 길하기 때문이다. 그러나 오른쪽은 백호(白虎)에 속하며 보통 백호를 열등의 자리로 보기 때문에 오른쪽에 문을 내면 좋지 않다.

북쪽에 문을 내면 현무(玄武)문이라 더욱 불길하다. 귀문(鬼門)이라고도 부르며 또 패배의 뜻도 가지고 있다. 때문에 북문을 낼 때에는 각별히 신중해야 한다.

문을 낼 때에는 도로의 형태도 고려해야 한다.

풍수학에서는 도로도 마치 흐르는 물과 같이 여겨 그 흐름을 중요하게 생각한다. 땅의 기, 지기(地氣)는 높고 많은 곳에서 낮고 적은 쪽으로 흐른다.
만약 대문 앞에 도로나 복도가 있을 때, 오른쪽 도로가 길다면 이는 흘러오는 물줄기(來水)로 치고, 왼쪽 도로는 짧다면 이는 흘러가는 물줄기(去水)로 간주한다. 이때는 왼쪽 문을 내어 지기(地氣)를 받아들인다. 이 방법을 '청룡 문이 기를 납입한다' 고 한다. 즉 청룡문이 적당하다.

대문 앞에 도로나 복도가 있을 때 앞의 경우와 반대로 왼쪽 도로가 길다면 이는 흘러오는 물줄기(來水)로 치고, 오른쪽 도로는 짧다면 이는 흘러가는 물줄기(去水)로 간주한다. 이때는 오른쪽 문을 내어 지기(地氣)를 받아들인다. 이 방법을 '백호 문이 기를 납입한다' 고 한다. 즉 백호문이 적당하다.

대문의 좌향(坐向)

대문의 좌향은 대문이 향한 방위에 따라 정해진다. 우리가 방안에서 대문을 향해 섰을 때 바라다보이는 방위가 곧 향(向)이고, 향의 반대 방위가 좌(坐), 즉 자리한 자리이다.

진(震)택은 동방에 자리하고 대문은 서를 향했다.
손(巽)택은 동남에 자리하고 대문은 서북을 향했다.
이(離)택은 남방에 자리하고 대문은 북을 향했다.
감(坎)택은 북방에 자리하고 대문은 남을 향했다.
건(乾)택은 서북에 자리하고 대문은 동남을 향했다.
곤(坤)택은 서남에 자리하고 대문은 동북을 향했다.
간(艮)택은 동북에 자리하고 대문은 서남을 향했다.
태(兌)택은 서방에 자리하고 대문은 동을 향했다.

만약 명괘와 택괘가 맞지 않을 때, 예를 들어 동사명에 해당하는 사람이 서사택에 거주하게 되면 문의 방향을 바꾸는 방법으로 재앙이나 화를 피할 수 있다. 문의 위치를 바꾸는 매우 간단한 방법이 있다.
문 안쪽에 병풍을 설치하는 것이다. 이 병풍의 쓰임새는 문의 방위를 바꾸는 것뿐만 아니라 공간을 나누거나 보여주고 싶지 않은 것을 가려주는 효과가 있다. 또한 외부의 살기를 억제하는 작용도 한다.

문 옆에 물이 있으면 재기(財氣)에 도움이 된다.

문을 잘 이용하면 재기도 불러일으키고 돈도 모을 수 있다. 대문의 방위는 재운을 장악하는 명맥이라고도 할 수 있다. 재기를 불러일으키는 가장 간편한 방법은 문 옆에 물을 배치하는 것이다.

'산은 인정(人丁)에 영향을 주고 물은 재(財)에 영향을 준다(山主人丁水主財)' 는 말이 있듯이 물이 있는 곳이면 재기의 작용이 발휘되는 것이다. 물 외에도 물로 키우는 식물이나 꽃들도 역시 재기를 불러들이는 작용을 하므로 대문 근처에 놓으면 좋은 효과가 있을 것이다.

만약 출입문이 긴 복도와 일직선으로 이어진다면 충격살(煞)이어서 좋지 않다. 복도가 길면 길수록 그 피해가 더 크다. 이를 '천심검(穿心劍, 심장을 뚫는 창)' 처럼 사람에게 해로운 것이라고 한다. 만약 복도의 길이가 방의 너비를 초과했다면 화(禍)는 가장 크게 미친다. 해결 방법은 병풍(파티션)을 세워 천심검의 예리한 칼끝을 막는 것이다.

만약 주택이 최하층에 있고 대문이 큰 길과 일직선을 이루고 있다면 원형으로 나무를 심거나 꽃을 심어 곧게 뻗쳐오는 외래 충격을 완화한다.

계단의 재운(財運) 쇠퇴

만약 대문이 계단과 마주 보고 있다면 두 가지 경우로 나눌 수 있을 것이다. 하나는 마주보는 계단이 아래로 향한 것이다. 이 경우 집안의 재기

(財氣)는 아래로 흘러버릴 수가 있어 문 뒤에 병풍을 세워 방안의 재기가 밖으로 유실되는 것을 막아야 한다.

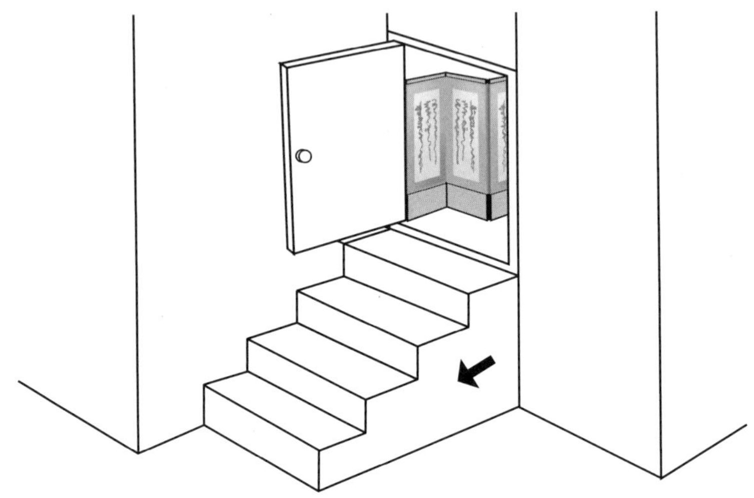

다른 하나의 경우는 마주 보는 계단이 위로 향한 것이다. 이런 경우는 재기가 유실되는 것을 걱정할 필요가 없다.

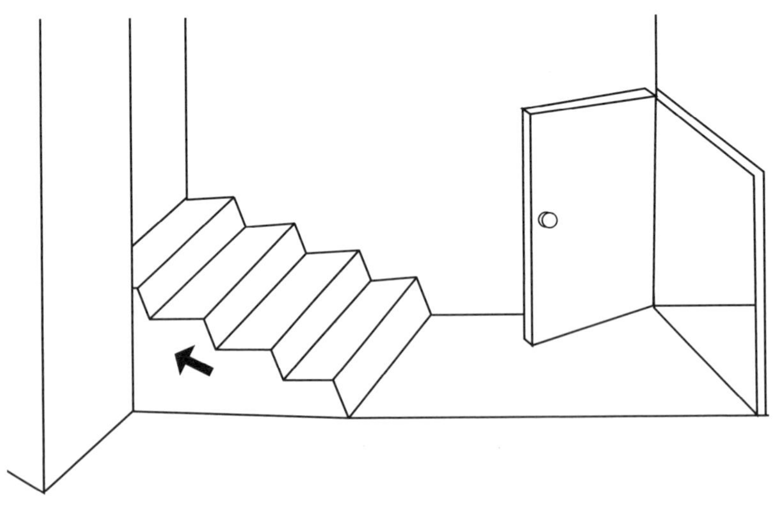

만일 대문 안에 잎이 큰 식물을 심는다면 재운이 더 왕성해져 부자가 될 수 있다.

문을 열었을 때 아래의 세 가지가 보이면 좋다.
붉은 색_문을 열자마자 붉은색 벽이나 장식품이 눈에 띄면 따스함과 편안함을 느끼게 된다.
녹색_문을 열자마자 녹색 식물이 눈에 띄면 생기발랄함을 느끼며 눈에 좋다.
그림_문을 열자마자 우아한 그림이나 소품 등이 보이면 주인의 양식을 엿볼 수 있음과 동시에 충만함이 느껴진다.

현관문을 열었을 때 아래의 세 가지가 보이면 좋지 않다.
아궁이(가스레인지)_고서 『양택집성(陽宅集成)』에는 '문을 열자마자 아궁이가 보이면 금전 소비가 많아진다'고 씌여 있다. 즉 문으로 들어서자마자 가스레인지가 보이면 화기(火氣)가 충천(沖天)하여 재기가 방안으로 진입할 수 없다는 것이다.
화장실_현관을 열자마자 화장실이 보이면 오염된 냄새가 사람을 맞이하는 격이므로 좋은 기분으로 왔던 사람들도 불쾌하게 만든다.
거울_현관문을 열자마자 방안에 있는 거울이 보인다면 좋지 않다. 거울은 재기(財氣)를 반사해 버리므로 금기다.

그리고 대들보가 대문을 누르고 있으면 매우 불길하다. 방에 들어서는 사람이 압박을 받으며 가족 구성원들이 사회에서 따돌림을 당하고 늘 우울하게 살 뿐만 아니라 평생 출세하지 못한다.

아치형으로 된 문은 묘비나 무덤, 음택(陰宅)을 연상시켜서 매우 불길하다.

대문의 색깔

대문의 색깔은 집주인의 오행 색과 맞아야 이상적이다.

오행이 금(金)에 해당하는 주인에게 맞는 대문의 색깔은 흰색, 금색, 은색, 청(靑)색, 녹색, 황색, 갈(褐)색 등이다.

오행이 목에 해당하는 주인에게 맞는 대문의 색깔은 청색, 녹색, 황색, 갈(褐)색, 회색, 남(藍)색 등이다.
오행이 수에 해당하는 주인에게 맞는 대문의 색깔은 회색, 남색, 홍색, 등(橙)황색, 흰색, 금색, 은색 등이다.
오행이 화에 해당하는 주인에게 맞는 대문의 색깔은 홍색, 등황색, 흰색, 금색, 은색, 청색, 녹색 등이다.
오행이 토에 해당하는 주인에게 맞는 대문의 색깔은 황색, 갈색, 회색, 남색, 홍색, 등황색, 자색 등이다.

문턱의 작용

건축물들이 현대식으로 바뀌기 전까지 우리네 집에는 문마다 문턱이 있었다. 문을 드나들기 위해서는 반드시 그 문턱을 넘어야 했다. 이 문턱은 걸음을 조절하는 작용도 하고 외력(外力)을 막아내는 작용, 외풍(外風)과 먼지도 막고 각종 파충류를 막아내는 등의 역할을 했다. 그리고 외부의 좋지 않은 요인을 차단하면서 방안의 재기가 밖으로 새어나가는 것을 막는 중요한 역할까지 해내었다. 그러나 현재는 이 문턱들이 사라지고 있는 추세이다.

문턱의 색깔은 대문의 색깔과 융합되어 단절되는 것을 방지해야 한다. 예를 들어 분홍색 대문일 경우 문턱도 분홍 계열로 하고 대문이 흰색일 경우 문턱도 옅은 색 계열로 하는 것이 좋다. 그런데 대문이 분홍색인데 문턱을 검은색이나 흰색 등으로 칠하면 어울리지 않는다. 일단 이처럼 단절되면 대들보가 절단된 것처럼 흉하다. 문턱이 완벽한 것은 택기(宅氣)가 순탄한 것과 같고 절단된 것은 가운이 막히는 것과 같으므로 신속히 바꿔야 한다.

현관

현관은 주택에 들어서는 첫번째 관문이다. 서방에서는 현관에 가정의 금전운이 담겨 있다고 한다. 주택에서 현관은 풍수에 대해 결정적 작용이 있을 뿐 아니라 가옥 미화에도 실용적 작용을 하고 있다.

모든 문을 왼쪽으로 열게 만들어라.
주택의 문을 똑같이 왼쪽으로 열면 길하다. 방안에서 밖을 향했을 때. 소위 좌 청룡(青龍), 우 백호(白虎), 청룡은 왼쪽, 움직임이 좋고 백호는 오른쪽, 정지 상태가 좋다' 라는 말이 있다.
때문에 우리가 방안에서 밖을 향해 섰을 때 문의 손잡이가 왼쪽에 있어야 좋다. 그러나 방방마다 손잡이가 제각각이면 사용상 혼란이 생겨 가정에 분쟁이 발생하기 쉽다.

대문과 거실 사이에는 현관을 설치해야 한다.
풍수에서는 '회선(回旋)을 즐기며, 직면 충격을 꺼린다' 라는 점을 중시하고 있다. 때문에 대문과 거실 사이에 현관이나 낮은 가구를 놓아 완충

시키므로써 좋은 기(氣)가 회선(回旋)하여 거실로 들어와서 재위에 모이게 된다. 동시에 주택 내부도 개방되지 않고 가내의 복(福)도 길이길이 전해질 수 있다.

거실은 주택의 맨 앞에 자리해야 한다.
출입문에 들어서자마자 거실이 먼저 위치해야 한다. 침실이나 주방 등 다른 공간들은 뒤쪽에 설치돼야 한다. 공간 배치가 뒤바뀌어 거실을 뒤쪽에 설치하면 재운이 서서히 내리막길을 걷게 된다.

주택의 흥왕(興旺) 위치는 대문의 대각위에 있다.
주택의 흥성위는 보통 거실(응접실)에 있으며 깨끗하고 조용하며 안정된 곳이어야 한다. 통로 등 혼잡한 곳은 절대 안 된다. 일반적으로 흥성위는 출입문의 대각위에 있다. 그러므로 객실 문을 향해 큰 벽거울을 걸면 좋지 않다. 거울이 집안 식구들의 운수에 방해를 주며 재운에 좋지 않은 영향을 미치며 좋은 기회를 앗아버린다. 흥성위에는 재운을 돕는 길한 물건을 놓으면 좋다. 잎이 넓은 녹색 식물이 가장 좋다.

풍수 재위의 배치와 증강 방법

재위에 놓으면 재운 증강의 효과를 얻을 수 있는 것은 무엇일까?
출입문 앞 혹은 창문가에 에이컨을 설치하면 재운 증강의 효과를 얻을 수 있다. 이 밖에도 작은 물레방아가 돌아가는 화분, 금붕어 어항 등이 있다. 이 중에서 우선 가장 보편적으로 손쉽게 이용할 수 있는 금붕어 키우기에 대해 살펴보자.

재위를 UP시키는 어항

금붕어를 키울 때는 어항의 모양과 어류의 숫자, 그리고 어류의 색깔에 유의해야 한다.

어항의 모양

❶둥근 모양의 어항은 5행 중 금(金)에 속하므로 수(水)를 활성화하는 작용이 있어 매우 길하다.

金 ➡ 水
상생

❷ 직사각형의 어항은 5행에서 목(木)에 속한다. 비록 수(水)의 기(氣)를 누설(漏泄)하지만 그 둘에는 상생 관계도 있어서 이용해도 괜찮다.

木 ➡ 水
누설

❸ 정사각형 어항은 5행 중 토(土)에 속하고 토는 수와 상극이므로 사용하지 말아야 한다.

土 ➡ 水
상극

❹ 육각형 어항은 6이 수(水)의 수(數)이므로 5행에서도 수(水)에 속한다. 그러므로 사용해도 좋다.

水 ➡ 水
상생

❺ 삼각형이나 팔각형, 그리고 다각형 어항은 5행에서 화(火)에 속한다. 수와 화는 상극이므로 재위 증강에는 불리하다.

火 ➡ 水
상극

위의 5행 분석에서 알려주듯이 제일 좋은 어항은 직사각형과 원형, 그리고 육각형이다. 앞으로 어항을 구입할 때는 이 점에 각별히 유의하기 바란다.

어류의 숫자

집안에 수족관을 설치할 때 과연 어떤 어종을 기르면 좋을지 한번쯤 고민해 보았을 것이다. 물론 형형색색의 작고 아름다운 물고기들에게 눈이 가게 마련이다. 그러나 생명력이 강하고 손쉽게 기를 수 있는 어종은 단연 금붕어일 것이다.

이제 어종을 선택했다면 과연 몇 마리를 키우는 것이 좋을까?

1마리, 일백(一白)은 수(水)로서 능히 재운을 높인다.

2마리, 이흑(二黑)은 토(土), 토는 수와 상극이므로 재운에 불리하다.

3마리, 삼벽(三碧)은 목(木), 목은 수를 누설하므로 재운에 불리하다.

4마리, 사록(四綠)은 목, 목이 비록 수를 누설하지만 사록은 문곡성(文曲星)이므로 길상으로 본다.

5마리, 오황(五黃)은 토(土), 토는 수와 상극이므로 재운에 불리하다.

6마리, 육백(六白)은 금, 금은 수와 상생이므로 재운에 유리하다.

7마리, 칠적(七赤)은 금, 비록 칠적은 흉성(凶星)이지만 금이 수와 상생의 정(情)이 있으므로 길상으로 본다.

8마리, 팔백(八白)은 토, 토는 수와 상극이지만 팔백(八白)은 좌보성(左輔星)으로 길성(吉星)이다.

9마리, 구자(九紫)는 화(火)이지만 우필성(右弼星)은 길성(吉星)이므로 재운을 활성하는 길상이다.

10마리일 경우, 열 마리 이상부터는 10을 뺀 나머지, 예를 들면 20일 때는 두 마리, 15일 때는 다섯 마리 등으로 본다.

여기서 일백성, 이흑성, 삼백성…… 등은 구성자백의 약칭이고 앞에서 언급한 낙서를 참고하면 알 수 있을 것이다.

사록(四綠)	구자(九紫)	이흑(二黑)
삼벽(三碧)	오황(五黃)	칠적(七赤)
팔백(八白)	일백(一白)	육백(六白)

위의 분석을 통해 가장 좋은 물고기의 숫자는 한 마리, 네 마리, 여섯 마리, 아홉 마리로 볼 수 있다. 이것은 낙서의 수와 어류의 숫자를 맞춘 것이고 역시 구성자백의 길흉을 근거로 얻어진 결론이다.

아래는 가택 주인이 오행을 근거로 얻은 결론이다.

어항의 위치만 올바로 정하면 어류의 숫자는 부차적인 문제이다. 만약 완전한 효과를 얻고 싶다면 집주인의 오행을 따져서 그에 맞는 어류의 길한 숫자를 택하면 된다.

집주인이 금(金, 닭띠와 원숭이띠)에 해당한다면,

길한 어류의 숫자는 2, 5, 8(土)

흉한 숫자는 9(火)

왕성의 자리는 서와 서북

집주인이 목(木, 범띠와 토끼띠)에 해당한다면,

길한 어류의 숫자는 1(水)

흉한 숫자는 6, 7(金)

왕성의 자리는 동과 동남

집주인이 수(水, 쥐띠와 돼지띠)에 해당한다면,

길한 어류의 숫자는 6, 7(金)

어류의 오행 주인의 오행

金 ➡ 水

상생

흉한 숫자는 2, 5, 8(土)

어류의 오행 주인의 오행

土 ➡ 水

상극

왕성의 자리는 북

집주인이 화(火, 뱀띠와 말띠)에 해당한다면,

길한 어류의 숫자는 3, 4(木)

어류의 오행 주인의 오행

木 ➡ 火

상생

흉한 숫자는 1(水)

어류의 오행 주인의 오행

水 ➡ 火

상극

왕성의 자리는 남

집주인이 토(土, 용띠와 개띠, 소띠, 양띠)에 해당한다면,

길한 어류의 숫자는 9(火)

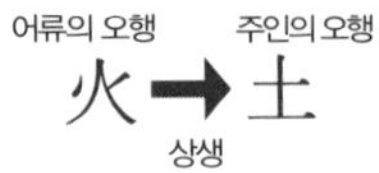

흉한 숫자는 3, 4(木)

왕성의 자리는 서남과 동북, 중앙

여기서 유의해야 할 것은 수와 화는 상극이므로 오행이 화에 속하는 사람은 기본적으로 어류를 기르는 것이 좋지 않다. 그러나 어항을 집주인의 왕성의 자리에 놓는다면 괜찮다.

어류의 색깔

물고기의 색깔도 재운 증강에 영향을 미친다.

물고기의 색깔이 금색이나 흰색이면 5행에서 금에 속한다. 금은 수와 상생의 관계이므로 재운 증강이 비교적 강하다.

흑색이나 남(藍)색 혹은 회색이면 5행에서 수에 속한다. 수는 재운을 왕성케 하므로 재운 증강의 힘이 매우 강하다.

水 ➡ 水
상생

푸른색이나 녹색이면 5행에서 목에 속한다. 목은 수를 누설함으로 재운 증강의 힘이 비교적 약하다.

木 ➡ 水
누설

노란색이나 커피색이면 5행에서 토에 속한다. 토는 수와 상극의 관계이므로 재운 증강의 힘이 매우 약하다.

土 ➡ 水
상극

오행	목(木)	화(火)	토(土)	금(金)	수(水)
오색	청(靑)	적(赤)	황(黃)	백(白)	흑(黑)

그러나 위의 주장과는 반대로 재위에 어항을 놓아두면 나쁘다고 말하는 사람도 있다. 나는 이렇게 말하고 싶다.
만약 주인의 팔자(八字)에 수(水)가 결핍되어 있다면 재위에 어항을 놓는 것은 절대 필요하고, 반대로 팔자에 수(水)가 많은 주인은 재위에 어항을

놓지 말고 상록수(常綠樹) 화분으로 대치하는 것이 좋다. 이처럼 주인의 팔자와 비교해서 선택하는 것이 최선의 풍수 원칙이라고 본다.

재위를 UP시키는 화분

일반적으로 재위에 상록수 화분을 놓으면 재물이 들어온다고 알려져 있다. 실내 높이의 절반이 넘는 대형 꽃병에 물을 담고 만년청을 키우는 것이 가장 좋은 방법이다. 잎이 크고 둥글며 두터운 활엽수(잎이 넓은 나무로 오동나무, 뽕나무, 떡갈나무 등)도 좋다. 침엽수(소나무, 잣나무, 향나무 등)는 좋지 않다.

그러나 실질적으로 실내의 반 정도 되는 높이의 대형 꽃병을 설치한다는 것이 말처럼 쉬운 일이 아니다. 이때에는 사람 키만한 만년청을 놓아두어도 좋다.

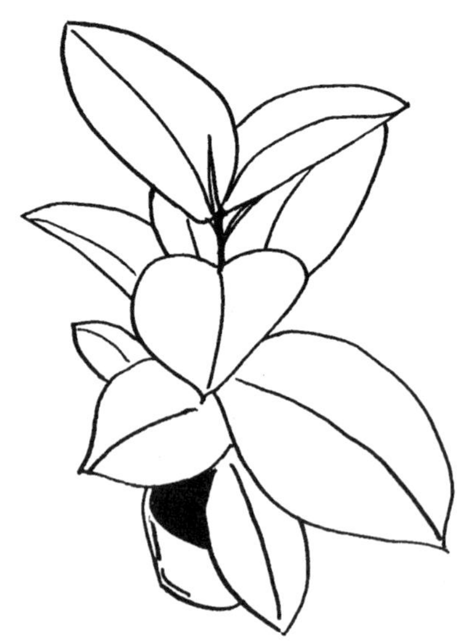

재위에 화분을 놓을 때는 그 관리에 신경을 써야 한다. 만약 누런 잎이 생기면 얼른 잘라주고 무성하게 자라도록 정성을 다해야 한다. 무신경하게 구석에 처박아 둔다면 키우지 않는 것만 못하다.
조화(造花)는 삼가는 것이 좋다.

재위를 UP시키는 금고

금고를 다른 가구 위에 올려놓지 않고 바닥에 놓은 채 금품을 넣어두면 좋다.
그러나 '금품은 노출하지 않는다(財不露白)' 는 원칙이 있듯이 금고를 마치 보통의 가구나 혹은 책장처럼 꾸미고 그 안에 통장이나 금품 등 값진 물건을 넣어두면 재운 활성에 도움이 된다.

보충설명

사주란 사람이 태어난 생년월일, 즉 연주(年柱), 월주(月柱), 일주(日柱), 시주(時柱)를 응용하여 인간의 품성과 운세의 길흉, 인간의 운명을 판단해내는 것이다. 팔자란 이 천간(天干)의 네 글자와 지지(地支)의 네 글자, 즉 여덟 글자를 말한다.

연주(年柱)는 출생한 해의 간지를 말한다. 연주를 볼 때 한 가지 주의할 점은 새해 1월 1일이더라도 입춘(立春)이 지나지 않으면 전년도의 12월로 보아야 한다는 것이다.

여기에서 잠깐 간지를 살펴보자.

천간은 갑(甲), 을(乙), 병(丙), 정(丁), 무(戊), 기(己), 경(庚), 신(辛), 임(壬), 계(癸)를 말한다.

지지는 자(子), 축(丑), 인(寅), 묘(卯), 진(辰), 사(巳), 오(午), 미(未), 신(申), 유(酉), 술(戌), 해(亥)를 말한다.

천간	갑(甲)	을(乙)	병(丙)	정(丁)	무(戊)	기(己)	경(庚)	신(辛)	임(壬)	계(癸)		
지지	자(子)	축(丑)	인(寅)	묘(卯)	진(辰)	사(巳)	오(午)	미(未)	신(申)	유(酉)	술(戌)	해(亥)

월주(月柱)는 월간(月干)과 월지(月支)로 구성되어 있다. 월지는 매년 변함이 없는데 1월은 항상 인(寅)부터 시작되며 12월은 축(丑)이 된다. 월간은 연두법(年頭法)에 따라 붙이면 된다.

연분(年分) / 월분(月分)	갑(甲) / 기(己)	을(乙) / 경(庚)	병(丙) / 신(辛)	정(丁) / 임(壬)	무(戊) / 계(癸)
1월 인(寅)	병인(丙寅)	무인(戊寅)	경인(庚寅)	임인(壬寅)	갑인(甲寅)
2월 묘(卯)	정묘(丁卯)	기묘(己卯)	신묘(辛卯)	계묘(癸卯)	을묘(乙卯)
3월 진(辰)	무진(戊辰)	경진(庚辰)	임진(壬辰)	갑진(甲辰)	병진(丙辰)
4월 사(巳)	기사(己巳)	신사(辛巳)	계사(癸巳)	을사(乙巳)	정사(丁巳)
5월 오(午)	경오(庚午)	임오(壬午)	갑오(甲午)	병오(丙午)	무오(戊午)
6월 미(未)	신미(辛未)	계미(癸未)	을미(乙未)	정미(丁未)	기미(己未)
7월 신(申)	임신(壬申)	갑신(甲申)	병신(丙申)	무신(戊申)	경신(庚申)
8월 유(酉)	계유(癸酉)	을유(乙酉)	정유(丁酉)	기유(己酉)	신유(辛酉)
9월 술(戌)	갑술(甲戌)	병술(丙戌)	무술(戊戌)	경술(庚戌)	임술(壬戌)
10월 해(亥)	을해(乙亥)	정해(丁亥)	기해(己亥)	신해(辛亥)	계해(癸亥)
11월 자(子)	병자(丙子)	무자(戊子)	경자(庚子)	임자(壬子)	갑자(甲子)
12월 축(丑)	정축(丁丑)	기축(己丑)	신축(辛丑)	계축(癸丑)	을축(乙丑)

주의할 것은 연주가 입춘에서 시작하듯이 월간도 절기에 따라 정해지므로 신경써야 한다.

보충설명

일주(日柱)를 정확히 알기 위해서는 만세력을 이용하는 것이 좋다. 만세력은 쉽고 빠르게 찾을 수 있도록 꾸며져 있다.

한 가지 주의할 점은 하루가 자시(子時)부터 시작된다는 것이다. 여기서 자시(子時)는 전날밤 11시부터 다음날 새벽 1시까지이다. 자시부터 일주가 바뀌므로 반드시 구분해야 한다.

시주(時柱)는 태어난 시간을 말한다.

자시(子時)	23~1시
축시(丑時)	1~3시
인시(寅時)	3~5시
묘시(卯時)	5~7시
진시(辰時)	7~9시
사시(巳時)	9~11시
오시(午時)	11~13시
미시(未時)	13~15시
신시(申時)	15~17시
유시(酉時)	17~19시
술시(戌時)	19~21시
해시(亥時)	21~23시

일(日) 천간(天干) / 시(時) 지지	갑(甲) 기(己)	을(乙) 경(庚)	병(丙) 신(辛)	정(丁) 임(壬)	무(戊) 계(癸)
자시(子時, 23~1시)	갑자(甲子)	병자(丙子)	무자(戊子)	경자(庚子)	임자(壬子)
축시(丑時, 1~3시)	을축(乙丑)	정축(丁丑)	기축(己丑)	신축(辛丑)	계축(癸丑)
인시(寅時, 3~5시)	병인(丙寅)	무인(戊寅)	경인(庚寅)	임인(壬寅)	갑인(甲寅)
묘시(卯時, 5~7시)	정묘(丁卯)	기묘(己卯)	신묘(辛卯)	계묘(癸卯)	을묘(乙卯)
진시(辰時, 7~9시)	무진(戊辰)	경진(庚辰)	임진(壬辰)	갑진(甲辰)	병진(丙辰)
사시(巳時, 9~11시)	기사(己巳)	신사(辛巳)	계사(癸巳)	을사(乙巳)	정사(丁巳)
오시(午時, 11~13시)	경오(庚午)	임오(壬午)	갑오(甲午)	병오(丙午)	무오(戊午)
미시(未時, 13~15시)	신미(辛未)	계미(癸未)	을미(乙未)	정미(丁未)	기미(己未)
신시(申時, 15~17시)	임신(壬申)	갑신(甲申)	병신(丙申)	무신(戊申)	경신(庚申)
유시(酉時, 17~19시)	계유(癸酉)	을유(乙酉)	정유(丁酉)	기유(己酉)	신유(辛酉)
술시(戌時, 19~21시)	갑술(甲戌)	병술(丙戌)	무술(戊戌)	경술(庚戌)	임술(壬戌)
해시(亥時, 21~23시)	을해(乙亥)	정해(丁亥)	기해(己亥)	신해(辛亥)	계해(癸亥)

예를 들어 1963년 4월 21일 오전 10시에 태어난 사람(음력)의 시주는 어떻게 될까?

우선 오전 10시는 사시(巳時)에 해당되므로 시지는 사(巳)가 된다. 일간 정(丁)과 시지 사(巳)가 만나는 지점을 위의 표에서 찾아보면 을사(乙巳)임을 알 수 있다. 그러므로 시주는 을사(乙巳)가 된다.

보충설명

1963년 4월 21일 오전 10시에 태어난 사람(음력)에 태어난 사람의 팔자를 알아보자.

1963년은 계묘(癸卯)년이다.
음력 4월은 지지상에서 사(巳)에 해당되고, 연 천간이 계(癸)이므로 사(巳)와 계(癸)가 만나는 지점을 찾아보면 4월 간지는 정사(丁巳)임을 알 수 있다.
만세력에서도 알 수 있듯이 이 달의 21일은 정사(丁巳)일이다.
오전 10시는 사시(巳時)에 해당되므로 시지는 사(巳)가 된다. 일간 정(丁)과 시지 사(巳)가 만나는 지점을 위의 표에서 찾아보면 을사(乙巳)임을 알 수 있다. 그러므로 시주는 을사(乙巳)가 된다.
그러므로 이 사람의 팔자는 아래와 같다.

연주(年柱)는 계묘(癸卯)
월주(月柱)는 정사(丁巳)
일주(日柱)는 정사(丁巳)
시주(時柱)는 을사(乙巳)

또 하나의 예를 들어 보자.

음력 1945년 7월 18일 오후 6시에 태어난 사람이 있다. 그의 팔자를 알아 보자.

1945년은 을유(乙酉)년이다.

7월은 지지상에서 신(申)에 해당되고 연 천간이 을(乙)이므로 신(申)과 을(乙)이 만나는 지점을 찾아보면 7월 간지는 갑신(甲申)임을 알 수 있다.

또 만세력에서 알 수 있듯이 이 달의 18일은 병인(丙寅)일이다.

오후 6시는 유시(酉時)에 해당되므로 시지는 유(酉)가 된다. 일간 병(丙)과 시지 유(酉)가 만나는 지점을 표에서 찾아보면 정유(丁酉)임을 알 수 있다.

그러므로 시주는 정유(丁酉)가 된다.

이것을 정리해 보면 다음과 같다.

연주(年柱)는 을유(乙酉)

월주(月柱)는 갑신(甲申)

일주(日柱)는 병인(丙寅)

시주(時柱)는 정유(丁酉)

보충설명

천간 지지와 오행의 배합에 근거하여 위 사람의 사주팔자의 오행을 알아 보자.

오행	음양	천간	지지
목(木)	양(陽)	갑(甲)	인(寅)
	음(陰)	을乙	묘(卯)
화(火)	양(陽)	병(丙)	오(午)
	음(陰)	정(丁)	사(巳)
토(土)	양(陽)	무(戊)	진(辰) 술(戌)
	음(陰)	기(己)	축(丑) 미(未)
금(金)	양(陽)	경(庚)	신(申)
	음(陰)	신(辛)	유(酉)
수(水)	양(陽)	임(壬)	자(子)
	음(陰)	계(癸)	해(亥)

위 사람이 연주(年柱)는 을유(乙酉)이므로,

을(乙)은 목(木)에 해당하고 유(酉)는 금(金)에 해당한다.

월주(月柱)는 갑신(甲申)이므로,
갑(甲)은 목(木)에 해당하고 신(申)은 금(金)에 해당한다.

일주(日柱)는 병인(丙寅)이므로,
병(丙)은 화(火)에 해당하고 인(寅)은 목(木)에 해당한다.
시주(時柱)는 정유(丁酉)이므로,
정(丁)은 화(火)에 해당하고 유(酉)는 금(金)에 해당한다.

이 사람은 오행 중에 목(木)과 금(金), 화(火)가 들어 있다. 팔자 중에 세 자는 목(木)이고 세 자는 금(金)이며, 한 자는 화(火)에 속한다. 목(木)과 금(金)이 많고 수(水)와 토(土)가 결핍되어 있다.

금(金) 성분의 사람

금(金)의 해에 태어난 사람은 그의 띠의 성격에 제한되기는 하나 대체로 엄격하고 단호한 성격을 지닌다. 그들은 강한 감정의 지배를 받으며 자신의 목표를 집중적으로 추구하고 별로 주저하지 않는다. 야망이 있고 원하는 바를 얻을 때까지 지속적으로 노력한다. 성공 지향적이며 결정을 내림에 있어 동요하지 않는다.

일단 결정을 내리고 나면 아무리 어려운 일을 맞이하더라도(심지어는 원래의 결정이 잘못된 것이라 할지라도) 흔들리거나 방향 수정을 하지 않는다. 그러나 상황이 더이상 녹녹하지 않을 때는 많은 어려움을 겪을 수밖에 없고 마음이 굳어져 있기 때문에 불합리하도록 고집이 세고 융통성이 없다.

모든 문제를 스스로 판단하고 결정하며 남의 간섭이나 도움을 싫어한다. 자신의 운명을 스스로 계획하고 남의 도움 없이 자신의 길을 열고 자신의 목표를 추구해 나간다.

융통성이 전혀 없고 차갑도록 자립적이긴 하지만 그들 역시 다른 사람에게 강한 영향을 줄 수 있다. 그들의 강한 자극은 접촉하는 모든 사람들에게 영향을 주어 그들이 바라는 변화(혹은 변혁)를 일으킬 수 있다.

돈을 모으려는 본능이 강하며 그것을 자신의 독립심과 허영 · 풍요 · 권력에 대한 욕망을 뒷받침하는 수단으로 삼는다.
하지만 보다 효율적이기 위해서는 타협할 줄 알아야 하며 자신의 방식만을 지나치게 고집하지 말아야 한다. 종종 그들은 타협을 모르고 독단적이어서 다른 사람들이 자기의 희망에 대해 주의를 기울이지 않거나 그 뜻에 따르려 하지 않을 경우 좋은 관계가 깨질 수도 있다.

수(水) 성분의 사람

수(水) 성분의 사람은 의사를 전달하고 남의 생각에 영향을 주어 자신의 생각을 발전시키는 재주를 가지고 있다. 다른 사람의 생각을 자신의 그릇처럼 이용하여 자신의 창조적인 사고를 행동으로 옮기는데 활용한다. 기본적으로 공감대에 의해 지배되며 자신의 감정을 최대한 전달한다.

보충설명

그들은 앞으로 중요해질 일들을 감지해내는 재주를 지니고 있고 정확하게 미래의 가능성들을 추정해낸다. 다른 사람들의 재능과 자원을 자극하고 이용함으로써 자신의 희망을 궤도에 올려놓는다. 하지만 겸손할 줄 알기 때문에 다른 사람들로 하여금 자신이 강요받고 있다는 것을 느끼지 못하도록 만든다. 이런 방식으로 마치 물과 바위처럼 강력한 반대를 침묵과 끊임없는 노력으로써 녹여버린다.

이런 사람들은 지배하는 것이 아니라 스며드는 편이기 때문에 특정한 주제에 대해서 언제 누구에게 접근해야 하는지를 잘 안다. 자기 자신이 원하는 것을 다른 사람들도 원하도록 만드는 재주가 있어서 자신의 목표를 간접적인 방법을 통해 확실히 이루어낸다. 다른 사람들이 움직이도록 강요하는 것이 아니라 상대방이 스스로 하도록 유도한다.

기본적으로 주의력과 유연성을 갖추고 있기 때문에 마치 물처럼 유동적이다. 부정적인 경향은 지나치게 타협적이기 쉽고 자기에게 열려진 길 가운데 가장 편안한 길을 택하려 한다는 점이다. 가장 나쁜 경우에는 일관성이 없고 수동적이며 지나치게 남의 도움에 의존한다.

그리하여 자기의 목표를 달성하기 위한 기본적인 능력을 게을리한다.
성공을 이루려면 이들은 다소 독단적일 줄 알아야 하고 자신의 계획을 실천하기 위해서 설득력이라는 자신의 무한한 능력을 최대한 활용해야 한다. 현명한 다른 사람들은 기꺼이 이들의 직관에 의해 안내를 받으려 할 것이다.

목(木) 성분의 사람

목(木) 성분의 사람들은 윤리를 존중한다. 높은 도덕률을 지니고 있으며 자기 확신이 굉장히 강하다. 사물의 본래 가치를 잘 알고 있으며 관심이 넓고 다양하다.
외향적이고 협동적인 기질을 지니고 있어서 대규모의 일을 할 수 있고 사무적인 자질을 가지고 있어서 업무를 올바른 순서에 따라 분류하여 할당하며 진취성과 관대함을 지니고 있어서 장기적이고 규모가 큰 개발이나 비용이 많이 드는 과학적 연구, 즉 절대로 혼자서는 할 수 없는 사업을 떠맡을 수가 있다.

그들은 다른 사람들을 설득해서 자기와 힘을 합해 같이 일하도록 하는 능력이 있다. 끊임없이 진보와 부활을 추구하기 때문에 신속하게 사업의 범위를 넓히고 가능한 한 많은 분야로 손을 뻗는다. 그들은 집단적으로 일해서 얻은 성과를 같이 일한 사람들과 적절하게 분배해서 나누어 가질 줄 안다.

다른 사람들이 어떻게 생각하고, 어떻게 움직이는지를 이해할 수 있는 그들의 선천적인 장점은 그들에게 행운을 가져다준다. 정보와 생각을 이윤으로 바꾸어내는 능력을 다른 사람들이 믿어주기 때문에 언제든지 필요할 때마다 도움이나 재정적 뒷받침을 받을 수 있다.

화(火) 성분의 사람

화(火) 성분의 사람은 탁월한 지도력을 지니고 있다. 결단성이 있으며 자기 자신에 대해 확신을 가지고 있다. 다른 사람들에 비해 훨씬 공격적이고 긍정적이기 때문에 다른 사람들을 움직이게 하고 자기의 생각이 열매를 맺을 수 있도록 하는데 남다른 능력을 지니고 있다.

모험과 개혁을 좋아하므로 반짝이는 새로운 사고를 기꺼이 받아들일 준비가 되어 있고 창조력과 독창성으로 다른 사람들을 지배하려 한다. 위험을 두려워하지 않으며 계속적으로 새로운 지평을 찾아내는 일을 즐긴다. 그들은 능동적인 행동과 연설을 하는 '행위자' 이다.

하지만 자신들의 바람이 충족되지 않을 경우 이기심이 극도로 작용하여 분별력과 인내심을 잃을 수 있기 때문에 자신의 감정을 제어하는 방법을 배워야 한다. 자신의 목표를 달성하기 위해 힘과 폭력을 사용하면 할수록 점점 더 큰 반대와 위험에 직면하게 될 것이다.

이들은 행동으로 나서기 전에 다른 사람들의 견해에 공감하고 모든 이들의 이야기에 귀를 기울이기만 한다면 최고의 성공을 이룰 수 있는 모든 전제 조건들을 갖추고 있는 사람들이다. 따라서 겸허한 경청자의 자질을 길러야 하고 자신들의 충동적 경향을 제어하는 법을 배워야 한다.

이들 중 많은 사람은 자신들의 본의에 비해서 지나치게 솔직한(말을 많이 하는) 경향도 있다.

이 사람들은 마치 불과 같이 끊임없이 다른 사람들을 자신의 따뜻함과 밝음으로 끌어들이는 경향이 있고 친구가 필요한 사람들에게 크게 도움이 될 수가 있다. 그러나 자신의 에너지를 제대로 제어하지 못하면 역시 파괴적으로 돌변할 수도 있고 커다란 위험을 초래할 수도 있다.

토(土) 성분의 사람

토(土) 성분의 사람은 기능적이고 현실적인 포부를 가지고 있다. 뛰어난 추리력을 지니고 있으며 자신들의 에너지를 소모할 확실하고 믿을 수 있는 길을 선호한다. 예지력과 조직력이 뛰어나기 때문에 효율적인 계획 입안자와 행정가가 될 수 있다.

자신들이 접하게 되는 것이면 무엇이든 가장 효과적인 이용 방법을 발견해내며 재정적인 면에서 현명하고 신중하게 처신할 뿐만 아니라 자신의 돈에 대해서는 매우 인색하다. 다른 사람들이 잘 계획된 목표를 향하여 성공적으로 나아가도록 지침을 제시하는데 있어서는 매우 탁월하고 또 가장 객관적인 시각을 견지한다.

신중한 수학적인 방법으로 일을 전개하며 까다로운 일손을 필요로 하는 종류의 일을 조직하여 가동하는 능력이 있다. 탁월한 경영자가 될 수 있으며 어떤 분야의 사업이든(무역이든 정치이든간에) 그것을 보완하고 기반을 닦는 데는 매우 뛰어난 능력을 가지고 있다. 이 사람들은 자신들이 발견한 것을 구체화시키며 그들이 하는 일에는 모두 합리적인 이유가 있다. 움직임은 완만하고 둔할지 모르지만 그들은 좋은 결과 지속적인 결과를 향해 서서히 나아가고 있는 것이다.

이 유형의 사람들은 사물에 대해 올바른 시야를 가지고 있으며 대체로 보수적이다. 자신들이 발견한 것이나 계산 결과 혹은 예상치에 대해 거의 과장하는 일이 없다. 다른 사람들이 처한 상황의 참모습을 조금도 가감하거나 수정하거나 왜곡하지 않고 있는 그대로 제시해 주곤 한다.
주된 결함은 상상력이 부족하다는 것과 자신의 이해에 대해서 지나치게 보호적이라는 것, 그리고 삶에 있어서 모험심이 희박하다는 것이다. 그러나 자기의 의무를 책임지고 완수해 내며 자기 자신을 잘 제어할 수가 있다.

재운을 일으키는 민간비법

눈썹은 눈과 거리가 멀어지도록 다듬는다. 인당(印堂), 콧등 혹은 볼 양쪽에 메이크업 베이스를 바른다. 콧구멍을 삐져나온 코털은 반드시 제거해야 한다. 귓볼에는 되도록 구멍을 뚫지 않아야 자신의 재운이 증가된다.

반지는 언약의 증표로 자주 쓰이지만 또한 재산 증식의 효력도 있다. 금속반지가 좋은데 남자는 오른손 무명지에, 여성은 왼손에 낀다면 재산 증식의 효과를 볼 수 있다.
옥(玉) 반지는 편재(偏財) 작용을 한다. 남자는 왼손 새끼손가락에, 여자는 오른손 새끼손가락에 낀다면 의외의 경사가 생길 수도 있다.

출입구에 펴놓는 발판 밑에 동전 여섯 개를 깔아 두고 집안으로 들어설 때마다 '재운을 안고서 집안으로 들어왔네' 라고 마음속으로 되뇌여라. 이때는 반드시 진심이 담겨 있어야 한다.

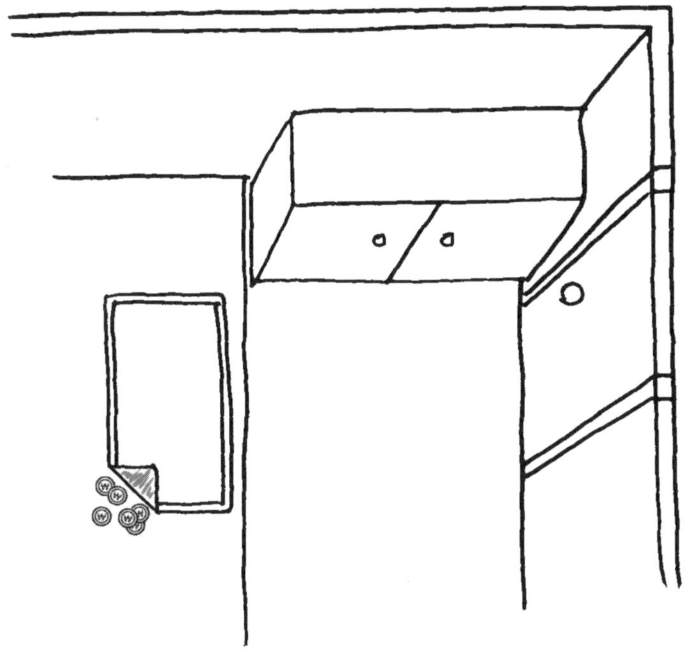

3장

돈이 들어오는 사무실

사무실이든 가정이든 모두 재기(財氣)와 재풍(財風)이 들어오는 재기위(財氣位), 즉 재위(財位)가 있다. 이 재위에 화장실이나 복도, 창(바닥까지 이어진 넓게 트인 창) 등 기(氣), 풍(風)이 새어나가게 설치하는 것은 좋지 않다.

기와 풍이 집중되는 재위

사무실이든 가정이든 모두 재기(財氣)와 재풍(財風)이 들어오는 재기위(財氣位), 즉 재위(財位)가 있다. 이 재위에 화장실이나 복도, 창(바닥까지 이어진 넓게 트인 창) 등 기(氣), 풍(風)이 새어나가게 설치하는 것은 좋지 않다. 왜냐하면 재원(財源)이 몰려들었다고 해도 결국에는 그곳을 통하여 서서히 빠져나가기 때문이다.

사무실의 경우 이 재위에는 돈과 관련된 업무로 사용하는 것이 가장 이상적이다.

사무실 풍수에서 지켜야 할 원칙

첫번째 원칙 _ 출입문을 등지고 앉으면 좋지 않다.

책상을 출입문 근처에 놓을 때, 출입문을 등지고 앉으면 좋지 않다. 이 점은 책상을 배치할 때 제일 먼저 고려해야 할 사항이다.

어느 곳을 가더라도 건물로 들어가기 위해서는 반드시 문을 거쳐야 한다. 물론 사무실도 문을 열고 들어가야 한다. 이때 문은 기(氣)의 입구이자 생기(生氣)와 살기(煞氣)를 포함한 모든 기가 들어오는 장소이다.

만약 책상을 출입문 입구와 마주보도록 놓고 앉는다면 등에 의지되는 벽이 없고 왔다갔다 하는 사람들의 잡기(雜氣)의 충격을 받아서 고도의 긴장 상태에 빠져버린다. 그리고 이 책상의 주인은 남들이 훔쳐보는 듯한 불안감에 휩싸여 번번히 실수를 저지르며 편안하고 안정되게 일에 매진할 수가 없다. 온종일 허공에 떠있는 듯한 마음으로 신장(腎臟) 기능이 약해지고 요통이 생기며 사업상으로도 시비거리가 자주 발생한다.

이런 상황을 풍수학에서는 '참 바람이 등을 친다' 고 표현하는데 이를 해결하는 방법은 문을 등지지 않는 곳으로 책상을 옮기는 것이다. 하지만 도저히 책상을 옮길 수 없는 경우라면 어떻게 해야 할까? 이때에는 등받이가 있는 의자로 바꿔주면 된다. 등받이가 있는 의자에 앉으면 새로운 의지가 생길 뿐만 아니라 잡기(雜氣)의 충격까지도 단절시킬 수 있다.

두 번째 원칙_ 복도와 가까운 창문 곁에는 앉지 않는 것이 좋다.

창문은 기(氣)가 방으로 들어오는 입구(入口)이다. 물론 그 창문을 통해 들어오는 기는 유익한 생기(生氣)일 수도 있으며 나쁜 살기(煞氣)일 수도 있다. 그러나 복도에 있는 창문은 기(氣)만 들어오는 게 아니라 오가는 사람들의 발자국 소리나 떠드는 소리, 기타 여러 가지 잡음도 새어 들어오기 때문에 사무에 지장을 초래하게 된다. 특히 회사의 기밀사항을 담당하는 부서나 핵심 기술을 연구하는 부서의 경우 창문 옆에 배치되었다면 마음놓고 일을 할 수가 없다. 혹시 창문을 통해 누군가가 훔쳐보는 듯한 느낌을 가지기 때문이다.

이때에는 되도록 책상을 창문에서 멀리 떨어지게 배치하는 것이 좋다. 그리고 커튼을 이용하여 복도를 오가는 그림자가 영향을 미치지 못하도록 방지하는 것이 좋다.

세 번째 원칙_ 뒤쪽에 창문이 있으면 좋지 않다.

현대식 고층건물은 한 면이 전부 유리창으로 지어진 경우가 많다. 어떤 사람은 일하는 중간중간 바깥 경치를 내다보기 위해 책상을 창문과 평행으로 놓고, 즉 의자에 앉은 사람의 어깨가 창으로 향하도록 앉는다. 그러나 이런 방법은 방문을 등지고 앉는 것과 똑같은 경우에 해당한다.

창문은 빛과 기(氣)의 입구이다. 해결 방법은 방문을 등지고 앉는 경우와 마찬가지로 책상의 위치를 조정하는 것이 가장 좋다. 이것이 여의치 않다면 높은 등받이가 있는 의자로 바꿔 앉는 것이 좋다.

네 번째 원칙_ 등에 의지할 곳이 있으면 좋다.

풍수학적으로 보면 '산과 물에 에워싸인(山環水抱) 자연' 을 최선의 풍수로 여긴다.
뒤쪽에 의지할 산이 있으면 인정(人丁)이 넘치고, 물이 이곳을 에워싸고 흐르면 재산이 넘친다. 이와 같은 이치로 등에 의지할 벽이 있으면 사업에도 유리하다. 사무실에서 의지할 수 있는 '산' 에 비유할 수 있는 것은 벽이다. 그러므로 책상의 위치는 되도록 벽에 가깝게 하고 벽과 책상의 거리도 되도록 멀리하지 않는 게 좋다.

다섯 번째 원칙_책상의 품질을 올바로 선택한다.

사무실에서 사용하는 거의 대부분의 책상은 목재 재질로 되어 있을 것이다. 그러나 5행의 명리(命理)상 목(木)을 꺼리는 사람이 이 목재로 된 책상을 사용하면 좋지 않다. 명리상 자기 자신에게 유리한 재질의 책상을 선택해야 한다. 재질의 선택이 어려울 때는 색깔이나 스타일, 디자인 등으로 보완하면 된다.

화(火)에 해당하는 사람은 홍(紅)색과 자색
토(土)에 해당하는 사람은 황색과 커피색, 차(茶)색, 갈색
금(金)에 해당하는 사람은 백색과 금색, 은색
수(水)에 해당하는 사람은 흑색과 남(藍)색, 회색
목(木)에 해당하는 사람은 녹색과 청(靑)색, 비취(翡翠)색

다시 말해서 명리상 화(火)를 즐기는 사람은 대추색의 책상을 선택할 수 있고, 수(水)를 반기는 사람은 검푸른색의 책상을 선택할 수 있으며, 기타도 이처럼 유추하면 된다.
만약 신체의 오장육부가 편치 않아도 색깔로 보완할 수 있다.
예를 들어 사업상 음주를 자주하게 되면 간(肝)에 신경이 쓰일 것이다.

이때에는 녹색의 목재 책상을 사용하면 간의 5행을 보완할 수 있다.

신장(腎臟)이 좋지 않은 사람은 수(水)에 해당하는 사람의 색깔로 콩팥의 5행을 보완할 수 있다.

심장(心臟)이 나쁘면 화(火)에 속하는 5행색을, 장(腸)과 위(胃)가 나쁘면 토(土)에 속하는 5행색을, 폐(肺)가 나쁘면 금(金)에 속하는 5행색을 선택하면 좋다.

책상의 모양을 보면 거의 직사각형이 많다. 그러나 풍수에 조금이라도 관심이 있는 사람은 자신에게 맞는 디자인을 선택할 수 있을 것이다.

그림처럼 사람이 앉는 면과 옆의 좌우 양면은 직각이고 상대편만 둥글게 만들어진 책상이다.

다른 하나는 전체가 둥근 반원형이다. 마치 허리띠가 자신을 둘러 감은 듯이.

앞에서도 말했듯이 풍수학에서는 '산과 물에 에워싸인(山環水抱) 자연', '띠가 허리를 감싼 듯한 자연'을 최고의 풍수로 여긴다. 이처럼 감싼 듯한 책상은 건강에 유익할 뿐만 아니라 좋은 기(氣)를 모아주며 앞에 다가와 있는 살기를 없애는 효과도 있다. 그러므로 이런 감싼 듯한 책상의 맞은편에는 아무도 앉지 않는 것이 좋다. 불길함을 초래하기 때문이다.

여섯 번째 원칙_ 거울의 시야에 들면 좋지 않다.

대부분의 사무실 안에는 큰 거울이 있게 마련이다. 책상 위에도 하나쯤 작은 손거울을 놓는 경우가 많다. 하지만 크든 작든 거울에 매일매일 장기간 자신을 비춘다면 머리가 어지럽고 차츰 시력이 떨어지며 실수를 저지르고 수면 부족, 신체쇠약 등으로 인한 각종 질병을 유발하게 된다. 풍수에서는 거울을 '광살(光煞)' 이라고 부른다. 거울 속의 세계를 환영(幻影)이라 하며 두뇌를 흐리게 하고 혼란에 빠뜨리게 하여 주의를 기울여야 할 기구로 분류한다.

건물을 지을 때에도 한쪽 벽면을 모두 유리로 하는 경우도 있지만 이것이 바로 제일 해로운 광살(光煞)이다. 매우 유해한 광살은 유혈이 낭자한 재해와 시비, 파산까지 초래하게 된다.
이 건물의 유리벽에 반사된 광선이 어느 한 집에 비친다면 그 집에 거주하는 사람에게는 매우 불길한 일이 많이 생길 수도 있다.
거울에 항상 자신의 모습이 비친다면 거울을 다른 방향으로 향하도록 옮기는 것이 좋다. 거울은 되도록 멀리 하는 것이 가장 좋다.

일곱 번째 원칙_ 대들보 아래에 앉는 것은 좋지 않다.

때로 어떤 사무실은 천장에 대들보가 있는가 하면 낮디 낮은 천장 때문에 내리눌리는 듯한 경우도 있다. 풍수에서는 이런 상황을 '대들보가 꼭대기를 압박한다' 고 한다. 이런 자리에 오래 머물면 압박감을 느끼고 상사에게 좋은 소리를 듣지 못하며 뒷목 척추에 통증을 느끼고 운세에 좋지 않은 영향을 받는다.

풍수에서 조롱박은 질병을 없애고 살기를 물리치는 작용을 한다고 알려져 있다. 그러므로 조롱박이 달린 장식용 칡덩굴을 대들보에 감아 놓으면 '대들보가 꼭대기를 압박' 하는 살기를 물리칠 것이다.

여덟 번째 원칙_ 도화살(桃花運)을 이용하라.

미남, 미녀라면 당연히 이성의 눈길을 받게 마련이다. 그러나 모든 사람이 잘생길 수는 없는 일, 이성에게 호감을 얻지 못하는 사람일지라도 자신의 도화위(桃花位)에 올바르게 장식을 하면 도화살이 머물게 된다. 그러나 이와 반대로 장식을 잘못하면 불미스런 사건을 일으키게 된다.

도화살은 자신의 도화위에 물을 가득 담은 꽃병을 놓고 싱싱한 꽃을 꽂아두면 된다. 복숭아꽃이 만발하는 계절에는 복숭아꽃을 한 묶음 꽂는 것이 좋다.

그럼, 자신에게 알맞는 도화위를 알아보자.

원숭이, 쥐, 용띠인 사람의 도화위는 정서(正西)방이다.
호랑이, 말, 개띠인 사람의 도화위는 정동(正東)방이다.
돼지, 토끼, 양띠인 사람의 도화위는 정북(正北)방이다.
뱀, 닭, 소띠인 사람의 도화위는 정남(正南)방이다.

아홉 번째 원칙_ 재운 활성을 효율적으로 이용하라.

사무실 재위에 그 영향력을 상승시키는 용품을 올바로 장식하면 사무실의 전반적인 재운을 상승시킬 수 있다. 그러나 이처럼 재운을 상승시키는 용품일지라도 함부로 장식하면 안 되는 것이 있다.
예를 들어 정수기나 어항, 냉난방기 등이 그것이다. 일부 용품들은 앞에서 언급하였으므로 올바르게 응용할 수 있을 것이다.

보충설명

도화살은 이성(異性)으로 인한 재난을 뜻한다.

옛사람들은 '여자가 도화살이 끼면 남자를 잡아먹는다'고 하여 매우 꺼렸다. 그러나 인물이 준수하고 이성들에게 호감을 준다. 도화살이 있는 남자에게는 여자가, 도화살을 가진 여자에게는 남자가 모여든다고 한다. 그러므로 현대를 사는 우리들에게는 어느 정도 필요한 면도 있다.

도화살을 가진 사람들은 화려함을 좋아하고 교태가 있으며 정열적이다. 재주도 뛰어나고 학문도 깊다. 동시에 방탕하고 음란하며 패가망신할 수도 있다.

그러나 올바른 위치에 잘 장식하면 이성으로 인해 도움을 받을 수도 있다.

일지나 연지에 인(寅), 오(午), 술(戌)이 있으면 묘(卯)가 든 사주가 도화살이다.

일지나 연지에 사(巳), 유(酉), 축(丑)이 있으면 오(午)가 든 사주가 도화살이다.

일지나 연지에 신(申), 자(子), 진(辰)이 있으면 유(酉)가 있으면 도화살이다.

일지나 년지에 해(亥), 묘(卯), 미(未)가 있으면 자(子)가 든 사주가 도화살이다.

표로 자세히 살펴보자.

일지	인(寅)	오(午)	술(戌)	사(巳)	유(酉)	축(丑)
도화	묘(卯)			오(午)		
일지	신(申)	자(子)	진(辰)	해(亥)	묘(卯)	미(未)
도화	유(酉)			묘(卯)		

사무실의 위치

회사의 발전은 천시(天時), 지리(地利), 인화(人和) 삼요소에 의해 좌우된다.

천시, 지리, 인화란 '천시불여지리(天時不如地利), 지리불여인화(地利不如人和)' 라는 맹자(孟子)의 말에서 온 것이다.

'하늘이 주는 좋은 기회도 지세의 이로움을 얻는 것보다는 못하고 유리한 지세도 화합된 인심보다는 못 하다' 는 뜻이다.

즉 '적을 무찌를 좋은 기회를 만난다 할지라도, 지세(地勢)의 이로운 위치를 얻지 못하면 승산이 없고, 지세의 이로운 위치를 갖고 있다 할지라도 여러 사람이 서로 마음이 통하여 화합한 것만 못하다' 라는 것을 이르는 말이다.

다시 말하면 천시란 하늘이 주는 좋은 기회요, 지리란 지세의 이로움, 인화란 화합된 인간관계를 말한다.

회사 결정권자의 사무실과 돈과 관련된 부서의 사무실은 반드시 재위에 배치돼야 한다.

회사 결정권자의 오행을 알고 이에 부합되는 자리를 선택하여야 한다. 예를 들면 사장이 오행 중 수(水)에 해당한다면 가장 이상적인 자리는 서북(西北)이나 북(北)방이다.

회사 사장, 기타 임직원의 책상 위치는 아래의 총괄적 원칙에 따르면 된다.

자신의 팔자(八字)에 목이 결핍하면 동방이 목에 속하므로 책상을 서에 자리하고 동방을 향해 앉으면 좋다.

자신의 팔자에 화가 결핍하면 남방이 화에 속하므로 책상을 북에 자리하고 남방을 향해 앉으면 좋다.

자신의 팔자에 금이 결핍하면 서방이 금에 속하므로 책상을 동에 놓고 서방을 향해 앉으면 좋다.

자신의 팔자에 수가 결핍하면 북방이 수에 속하므로 책상을 남에 자리하고 북방을 향해 앉으면 좋다.

자신의 팔자에 토가 결핍하면 중앙이 토에 속하므로 책상을 창문이나 방문이 아닌 벽을 등에 자리하고 방 중앙을 향해 앉으면 좋다.

이 못지않게 중요한 것이 회사가 위치한 지점의 환경이다. 회사 주위에 물이 흘러 지난다면 매우 이상적이다. 그러나 현대 대도시에서 강물이 흘러 지나는 곳은 매우 드물다. 그래서 차가 다니는 도로를 물이 흐르는 하류(河流)와 일맥상통하는 것으로 본다.

하지만 회사가 사거리의 입구에 있는 것은 좋지 않다. 혹은 출입문이 큰길과 직면하거나 군사, 정부기관, 경찰 기관들에 직면하거나 사무실의 동남방에 우뚝 솟은 빌딩이나 기둥 모양의 건축물과 직면하는 것은 좋지 않다. 또한 재래시장이나 사람들이 북적이는 곳에 있으면 좋지 않다. 채소 장사나 승차권을 파는 업종이라면 문제가 없지만….

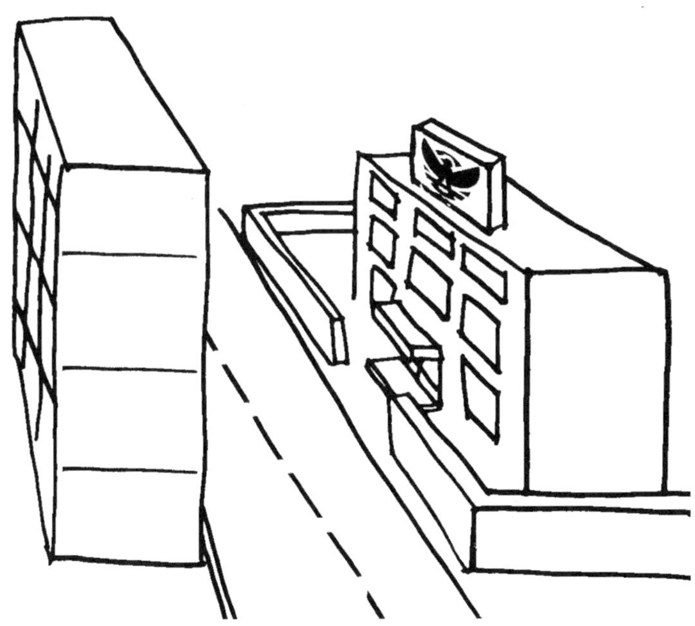

사무실 내에서 지도자의 자리 뒤쪽이 텅 비거나 움직이는 물품이 있으면 좋지 않다. 어떤 이들은 뒤에 이동식 책장이나 창문이 있는 것을 좋아한다.

지도자와 재무실 총감의 자리는 매우 중요하기 때문에 머리 위로는 '대들보가 꼭대기를 압박' 해도 안 되고, 발 밑으로는 허무(虛無)부실(不實)해도 나쁘다. 이밖에 직원 각각의 5행에 따라 그 앉는 방향을 결정해야 한다.

사무실 내의 길한 재위와 음기(陰氣)가 강하여 흉한 곳을 찾아내어 길(吉)은 더 길하게 하고 흉(凶)은 되도록 해소시킬 수 있도록 장식품이나 상록수 화분을 놓으면 효력을 발생시킬 수 있다.

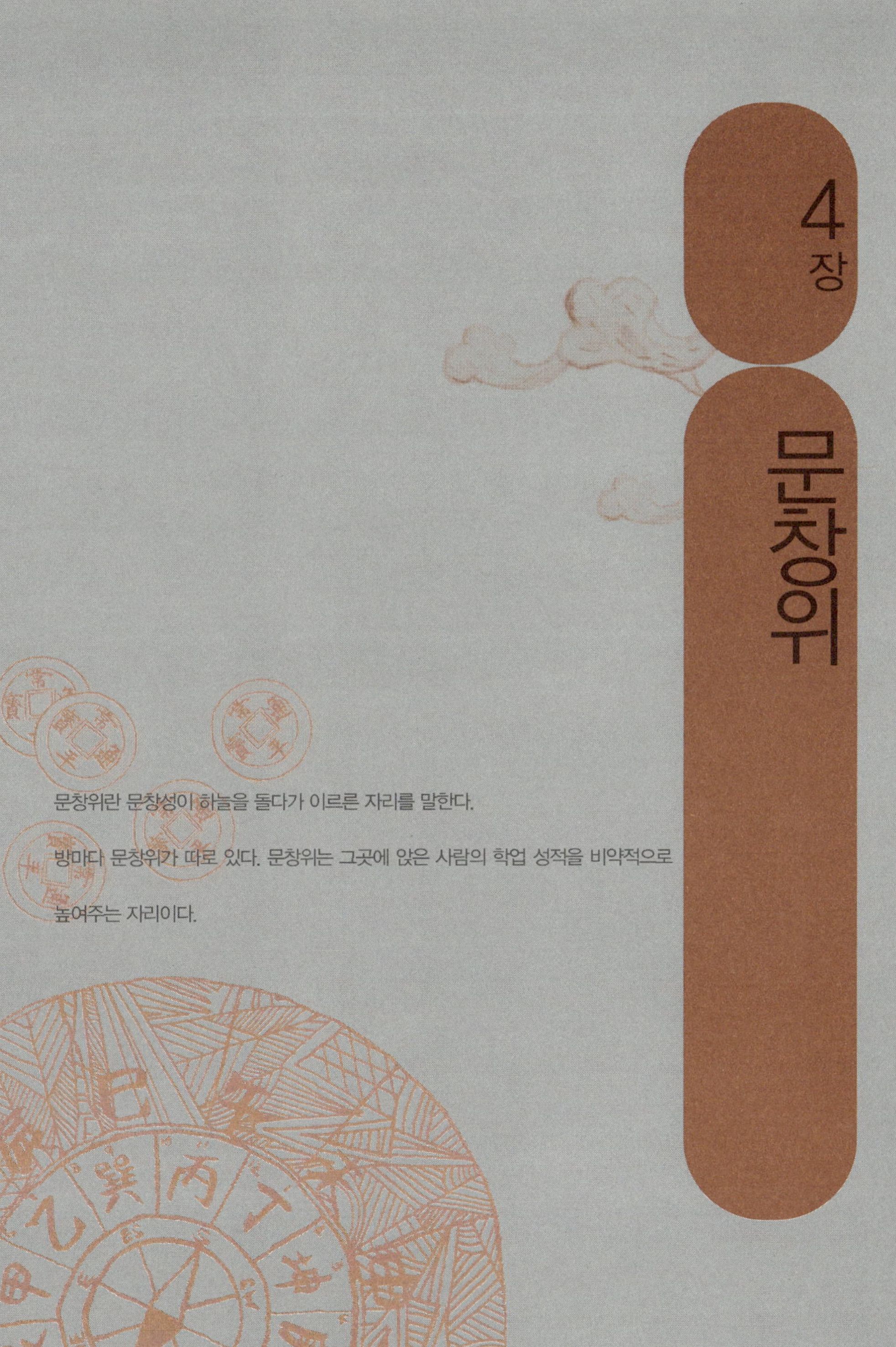

4장

문창위

문창위란 문창성이 하늘을 돌다가 이르른 자리를 말한다.

방마다 문창위가 따로 있다. 문창위는 그곳에 앉은 사람의 학업 성적을 비약적으로 높여주는 자리이다.

문창위란 무엇인가?

문창성(文昌星, 문곡성)은 옛날에 공명(功名) 이록(利祿)을 맡아 관리하던 별이다. 문창위란 문창성이 하늘을 돌다가 이르른 자리를 말한다. 방마다 문창위가 따로 있다. 문창위는 그곳에 앉은 사람의 학업 성적을 비약적으로 높여주는 자리이다. 책상을 이 자리에 놓고 공부를 하면 머리가 맑아지고 명석해질 뿐만 아니라 정신 집중이 잘 되고 쏙쏙 머리에 들어온다. 바로 이런 자리를 풍수학에서는 문창위라고 한다.

문창위의 종류와 특성

문창위에는 본명(本命)에 따른 문창위[개인(個人) 문창위]와 주택 내부의 문창위[팔택(八宅) 문창위], 그리고 유년(流年) 문창위 등 세 종류가 있다.

개인(個人) 문창위, 즉 본명에 따른 문창위는 그 사람의 출생년도에 따라 결정된다. 팔택(八宅) 문창위, 즉 주택 내부의 문창위는 주택의 좌(坐), 향(向)에 따라 결정된다. 이외에 유년 문창위, 즉 문창성(文昌星)이 해마다 이동하는 위치에 따라 결정된다.

본명에 따른 문창위는 개개인에게만 적용되어 매우 국한적이지만 효과가 큰 것이 장점이다. 팔택 문창위는 온 가족 모두에게 유익하지만 그 영향력이 분산된다는 것이 단점이다. 유년 문창위는 짧은 시간 내에 빠른 효과를 볼 수 있다. 그 해의 입시에서 우수한 성적을 얻으려면 이 문창위를 이용하면 좋다.

이 세 가지 문창위의 영향력을 순서대로 나열해 보면 첫째, 개인 문창위를 활성(증강)시켜 사용하는 것이 가장 좋은 방법이다. 그 다음으로는 팔택 문창위와 유년 문창위 순으로 나타낼 수 있다.
예를 들어 집안에서 개인 문창위나 팔택 문창위의 위치에 책상을 배치할 수 없다면 마지막으로 유년 문창위의 방법을 쓸 수밖에 없다.
팔택 풍수(八宅風水) 이론에 의하면 문창성이 날아 임하는 방위는 해마다 다르고 또 그들은 사록문창(四綠文昌)과 육백무곡(六白武曲) 두 개별로 구성되어 있다.
사록문창은 문과(文科)인 문학(文學), 역사(歷史), 어문(語文) 등의 학과에 비교적 유리하고 육백무곡은 이공(理工)과인 수학, 물리, 화학, 컴퓨터, 음악, 미술 등의 과목에 비교적 유리하다.

2005(乙酉)년의 유년 문창위는 어떤지 살펴보자

2005년에는 사록문창이 중궁(中宮)에 입궁하므로 문과(文科)를 치르는 수험생은 중궁 위, 즉 가택 중의 중간 위치를 문창위로 선택하면 좋다. 육백무곡(六白武曲)은 서(西)방에 이르므로 이과(理科) 수험생은 서(西)방을 문창위로 선택해야 우수한 성적을 얻게 된다.

문창위를 찾는 방법

문창위와 문창성을 잘 이용하여 입시에서 좋은 성과를 얻으려면, 먼저 문창위부터 제대로 알고 그 다음에 문창성을 인지한 후 유년 문창위가 무엇인지 알아야 한다.

개인 문창위, 즉 본명에 따른 문창위

갑일(甲日)에 태어난 사람의 문창위는 사(巳)방, 즉 동남(東南)방,
을일(乙日)에 태어난 사람의 문창위는 오(午)방, 즉 남(南)방,
병일(丙日)에 태어난 사람의 문창위는 신(申)방, 즉 서남(西南)방,
정일(丁日)에 태어난 사람의 문창위는 유(酉)방, 즉 서(西)방,
무일(戊日)에 태어난 사람의 문창위는 신(申)방, 즉 서남(西南)방,
기일(己日)에 태어난 사람의 문창위는 유(酉)방, 즉 서(西)방,
경일(庚日)에 태어난 사람의 문창위는 해(亥)방, 즉 서북(西北)방,
신일(辛日)에 태어난 사람의 문창위는 자(子)방, 즉 북(北)방,

임일(壬日)에 태어난 사람의 문창위는 인(寅)방, 즉 동북(東北)방,
계일(癸日)에 태어난 사람의 문창위는 묘(卯)방, 즉 동(東)방이다.

팔택 문창위, 즉 집의 좌(坐), 향(向)에 따라 결정되는 문창위

북(北)에 자리하고 남(南)을 향한 집은 동북(東北)방이 문창위,
남(南)에 자리하고 북(北)을 향한 집은 정남(正南)방이 문창위,
동(東)에 자리하고 서(西)를 향한 집은 서북(西北)방이 문창위,
서(西)에 자리하고 동(東)을 향한 집은 서남(西南)방이 문창위,
동남(東南)에 자리하고 서북(西北)을 향한 집은 중궁(中宮)이 문창위,
서북(西北)에 자리하고 동남(東南)을 향한 집은 동(東)방이 문창위,
서남(西南)에 자리하고 동북(東北)을 향한 집은 정서(正西)방이 문창위,
동북(東北)에 자리하고 서남(西南)을 향한 집은 정북(正北)방이 문창위이다.
집안의 문창위를 올바로 알면 수험 준비에 많은 도움이 된다.

유년 문창위, 즉 해마다 변하는 유년 문창위

천간(天干)에 따른 유년 문창위는 개인에 대한 것으로 그 효과가 매우 빠르게 나타난다.

끝자리 수가 4인 해, 예를 들면 1954년, 1964년, 1974년, 1984년, 1994년, 2004년, 2014년…은 천간이 갑(甲)인 해로서 이때 태어난 사람의 문창위는 동남(東南)방이다.

끝자리 수가 5인 해, 예를 들면 1955년, 1965년, 1975년, 1985년, 1995년, 2005년…은 천간이 을(乙)인 해로서 이때 태어난 사람의 문창위는 남(南)방이다.

끝자리 수가 6인 해, 예를 들면 1956년, 1966년, 1976년, 1986년, 1996년, 2006년…은 천간이 병(丙)인 해로서 이때 태어난 사람의 문창위는 서남(西南)방이다.

끝자리 수가 7인 해로 1957년, 1967년, 1977년, 1987년, 1997년, 2007년…은 천간이 정(丁)인 해로서 이때 태어난 사람의 문창위는 서(西)방이다.

끝자리 수가 8인 해로 1958년, 1968년, 1978년, 1988년, 1998년, 2008년…은 천간이 무(戊)인 해로서 이때 태어난 사람의 문창위는 서남(西南)방이다.

끝자리 수가 9인 해로 1959년, 1969년, 1979년, 1989년, 1999년, 2009년…은 천간이 기(己)인 해로서 이때에 태어난 사람의 문창위는 서(西)방이다.

끝자리 수가 0인 해로 1940년, 1950년, 1960년, 1970년, 1980년, 1990년, 2010년…은 천간이 경(庚)인 해로서 이때에 태어난 사람의 문창위는 서북(西北)방이다.

끝자리 수가 1인 해로 1941년, 1951년, 1961년, 1971년, 1981년, 1991년, 2001년, 2011…은 천간이 신(辛)인 해로서 이때 태어난 사람의 문창위는 북(北)방이다.

끝자리 수가 2인 해로 1942년, 1952년, 1962년, 1972년, 1982년, 1992년, 2002년, 2012년…은 천간이 임(壬)인 해로서 이때 태어난 사람의 문창위는 동북(東北)방이다.

끝자리 수가 3인 해로 1943년, 1953년, 1963년, 1973년, 1983년, 1993년, 2003년, 2013년…은 천간이 계(癸)인 해로서 이때 태어난 사람의 문창위는 동(東)방이다.

아래 표를 참고하면 쉽게 알 수 있다.

출생년월	문창위	출생년월	문창위
1911 신해(辛亥)년	북(北)	1919 기미(己未)년	서(西)
1912 임자(壬子)년	동북(東北)	1920 경신(庚申)년	서북(西北)
1913 계축(癸丑)년	동(東)	1921 신유(辛酉)년	북(北)
1914 갑인(甲寅)년	동남(東南)	1922 임술(壬戌)년	동북(東北)
1915 을묘(乙卯)년	남(南)	1923 계해(癸亥)년	동(東)
1916 병진(丙辰)년	서남(西南)	1924 갑자(甲子)년	동남(東南)
1917 정사(丁巳)년	서(西)	1925 을축(乙丑)년	남(南)
1918 무오(戊午)년	서남(西南)	1926 병인(丙寅)년	서남(西南)

출생년월	문창위	출생년월	문창위
1927 정묘(丁卯)년	서(西)	1955 을미(乙未)년	남(南)
1928 무진(戊辰)년	서남(西南)	1956 병신(丙申)년	서남(西南)
1929 기사(己巳)년	서(西)	1957 정유(丁酉)년	서(西)
1930 경오(庚午)년	서북(西北)	1958 무술(戊戌)년	서남(西南)
1931 신미(辛未)년	북(北)	1959 기해(己亥)년	서(西)
1932 임신(壬申)년	동북(東北)	1960 경자(庚子)년	서북(西北)
1933 계유(癸酉)년	동(東)	1961 신축(辛丑)년	북(北)
1934 갑술(甲戌)년	동남(東南)	1962 임인(壬寅)년	동북(東北)
1935 을해(乙亥)년	남(南)	1963 계묘(癸卯)년	동(東)
1936 병자(丙子)년	서남(西南)	1964 갑진(甲辰)년	동남(東南)
1937 정축(丁丑)년	서(西)	1965 을사(乙巳)년	남(南)
1938 무인(戊寅)년	서남(西南)	1966 병오(丙午)년	서남(西南)
1939 기묘(己卯)년	서(西)	1967 정미(丁未)년	서(西)
1940 경진(庚辰)년	서북(西北)	1968 무신(戊申)년	서남(西南)
1941 신사(辛巳)년	북(北)	1969 기유(己酉)년	서(西)
1942 임오(壬午)년	동북(東北)	1970 경술(庚戌)년	서북(西北)
1943 계미(癸未)년	동(東)	1971 신해(辛亥)년	북(北)
1944 갑신(甲申)년	동남(東南)	1972 임자(壬子)년	동북(東北)
1945 을유(乙酉)년	남(南)	1973 계축(癸丑)년	동(東)
1946 병술(丙戌)년	서남(西南)	1974 갑인(甲寅)년	동남(東南)
1947 정해(丁亥)년	서(西)	1975 을묘(乙卯)년	남(南)
1948 무자(戊子)년	서남(西南)	1976 병진(丙辰)년	서남(西南)
1949 기축(己丑)년	서(西)	1977 정사(丁巳)년	서(西)
1950 경인(庚寅)년	서북(西北)	1978 무오(戊午)년	서남(西南)
1951 신묘(辛卯)년	북(北)	1979 기미(己未)년	서(西)
1952 임진(壬辰)년	동북(東北)	1980 경신(庚申)년	서북(西北)
1953 계사(癸巳)년	동(東)	1981 신유(辛酉)년	북(北)
1954 갑오(甲午)년	동남(東南)	1982 임술(壬戌)년	동북(東北)

출생년월	문창위	출생년월	문창위
1983 계해(癸亥)년	동(東)	2007 정해(丁亥)년	서(西)
1984 갑자(甲子)년	동남(東南)	2008 무자(戊子)년	서남(西南)
1985 을축(乙丑)년	남(南)	2009 기축(己丑)년	서(西)
1986 병인(丙寅)년	서남(西南)	2010 경인(庚寅)년	서북(西北)
1987 정묘(丁卯)년	서(西)	2011 신묘(辛卯)년	북(北)
1988 무진(戊辰)년	서남(西南)	2012 임진(壬辰)년	동북(東北)
1989 기사(己巳)년	서(西)	2013 계사(癸巳)년	동(東)
1990 경오(庚午)년	서북(西北)	2014 갑오(甲午)년	동남(東南)
1991 신미(辛未)년	북(北)	2015 을미(乙未)년	남(南)
1992 임신(壬申)년	동북(東北)	2016 병신(丙申)년	서남(西南)
1993 계유(癸酉)년	동(東)	2017 정유(丁酉)년	서(西)
1994 갑술(甲戌)년	동남(東南)	2018 무술(戊戌)년	서남(西南)
1995 을해(乙亥)년	남(南)	2019 기해(己亥)년	서(西)
1996 병자(丙子)년	서남(西南)	2020 경자(庚子)년	서북(西北)
1997 정축(丁丑)년	서(西)	2021 신축(辛丑)년	북(北)
1998 무인(戊寅)년	서남(西南)	2022 임인(壬寅)년	동북(東北)
1999 기묘(己卯)년	서(西)	2023 계묘(癸卯)년	동(東)
2000 경진(庚辰)년	서북(西北)	2024 갑진(甲辰)년	동남(東南)
2001 신사(辛巳)년	북(北)	2025 을사(乙巳)년	남(南)
2002 임오(壬午)년	동북(東北)	2026 병오(丙午)년	서남(西南)
2003 계미(癸未)년	동(東)	2027 정미(丁未)년	서(西)
2004 갑신(甲申)년	동남(東南)	2028 무신(戊申)년	서남(西南)
2005 을유(乙酉)년	남(南)	2029 기유(己酉)년	서(西)
2006 병술(丙戌)년	서남(西南)	2030 경술(庚戌)년	서북(西北)

실생활에서 문창위를 응용하는 방법

예를 들어 1985년 음력 3월 5일(癸巳)에 태어난 '한(韓)천재' 라는 학생이 2006년에 이공계를 지망한다고 하자.

첫째 방법, 개인 문창위부터 이용하라.
개인 문창위에 의하면 계일(癸日)에 태어난 사람의 문창위는 묘(卯)방, 즉 동(東)방이다. 하지만 집안 구조상 이 자리를 이용할 수 없게 되어 있다면 두 번째 방법을 써야 한다.

둘째 방법, 팔택 문창위를 이용하라.
한천재 군의 집은 북좌 남향이다. 팔택 문창위에서 북(北)에 자리하고 남(南)을 향한 집은 동북(東北)방이 문창위이다. 그러나 이곳 역시 이용할 수 없다면 마지막으로 유년 문창위를 이용할 수밖에 없다.

셋째 방법, 유년 문창위를 찾아보라.

2006년에 수능시험을 본다면 당연히 2006년 유년 문창위를 찾아보아야 한다.

앞의 표를 보면 2006년(丙戌)의 문창위는 서남(西南)방이다. 그러나 이 정도로는 미흡하다.

한천재 군은 이공대학 전자 전업에 입학하려 한다. 전업의 성질이 이공(理工)과 이므로 육백무곡위가 한천재 군에 맞다. 유년의 자백 방위와 그의 길위(吉位)에서 육백무곡위를 찾아보니 동북(東北)방이 유년 문창위인 것이다.

결론은 2006년부터 한천재 군은 동북방에 책상을 놓고 공부하면 꿈을 꼭 이루어 낼 것이다.

이 해의 문과 학생에게 적용되는 사록문창위는 서북방이다.

문창위를 활성화시키는 방법

문창위는 사람의 지혜를 높이고 두뇌를 더욱 민첩하게 해주며 자녀의 학업에 도움을 준다. 이 문창위에 책상을 놓으면 이상적이지만 그럴 수 없을 때는 이 방위에 네 자루의 붓을 걸어놓으면 보강이 된다. 때로는 붓 네 자루가 더 좋은 효과를 나타낼 수도 있다.

그리고 만년청과 문창탑 등을 이용하는 방법도 있다.

육백 무곡위를 활성화하기 위한 방법도 이와 마찬가지이다. 즉 이 자리에 한 가락이나 혹은 여섯 가락의 만년청과 새 붓, 흰색의 문창탑 하나를 놓아두면 된다.

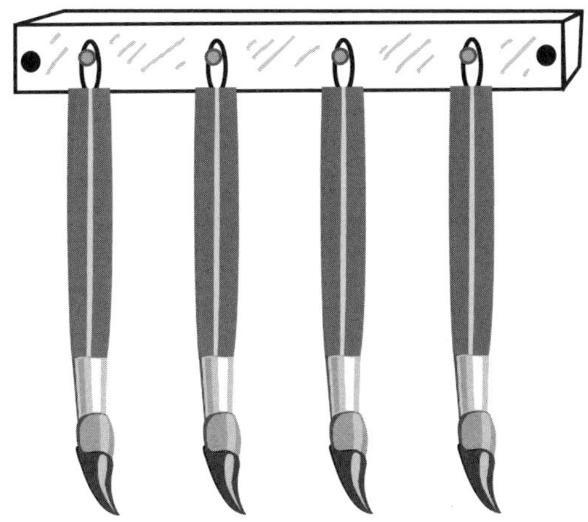

서재에서 삼가야 할 10가지

❶ 서재는 밝아야 좋다.

그러나 도수가 높은 등불을 켜면 좋지 않다. 쉽게 피곤해진다.

❷ 서재에는 장난감이나 인형, 스타의 사진을 많이 붙이면 좋지 않다.

정신 혼란, 악몽, 의심증이 생긴다.

❸ 서재는 자주 청소해야 하고 문창, 즉 문곡성(文曲星)을 오염하는 것을 피해야 한다.

❹ 서재의 문은 화장실과 주방에 대면하고 있으면 안 되며 문창위에 화장실이 너무 가까워도 좋지 않다.

문창, 즉 문곡성(文曲星)을 더럽히기 때문이다.

❺ 서재는 오행 중 목(木)에 속한다.

때문에 녹색 벽지가 좋고 여러 가지 색이 혼합된 색상은 금기이다.

❻ 책장이 너무 높으면 침대에 압박감을 준다.

주인의 신체를 허약하게 만든다.

❼ 책장이 책상에 압박을 가하면 좋지 않다.

마음이 산란해지고 어지러우며 피곤해진다.

❽ 서재에 가전제품이 많으면 나쁘다.

두통이 생기고 정신 집중이 되지 않는다.

❾ 서재는 문창위에 자리하고 있어야 한다.

❿ 수험생은 유년 문창위도 함께 고려해야 한다.

서재에서 책상의 자리와 문창위

서재의 인테리어에 있어서 책상의 자리가 가장 중요한데 몇 가지 주의할 점을 살펴보자.

문창위를 이용한다는 것은 단지 도움을 얻는다는 의미일 뿐이다. 그러므로 아무런 노력도 하지 않은 채 책상만 문창위에 놓는다면 학습 성적에는 어떠한 성과도 볼 수 없을 것이다.
문곡성이 학습에 도움이 되지만 그 사람의 지능을 높이지는 못한다. 그러므로 저능아가 문곡성의 도움을 받는다고 해도 성적에 있어서 큰 향상은 바라기 어렵다.
책상의 자리 배치에 있어서 아래 몇 가지 원칙이 있다.

❶ 책상은 문 쪽을 향해 배치한다.

이 배치법은 주인의 머리를 한층 맑게 해준다. 하지만 책상을 방문과 마주 보게 해서는 안 된다. 이 방문의 충격을 곧바로 받는 사람은 사상이 집중되지 못하여 정신 상태가 좋지 않고 성인인 경우 실수와 과오가 많다.

〈좋은 예〉

등에는 벽이 있고 책상 앞에는 출입구가 있으면 길하다.

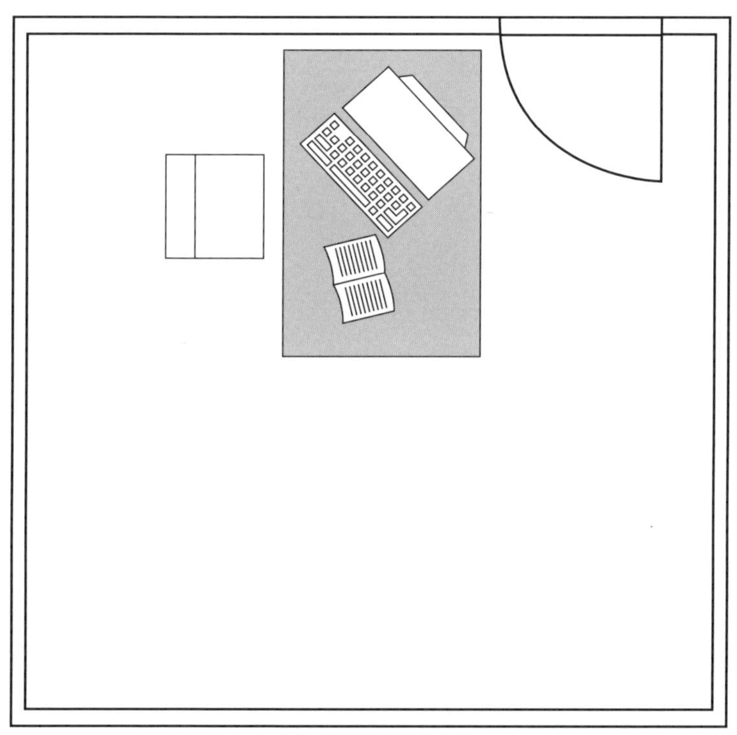

❷ 방문을 등지고 앉으면 나쁘다.

출입문 쪽에 등을 향하면 나쁘다. 이는 명당을 등에 지는 흉한 격인 것이다. 의자 뒤에는 벽이 있어야 좋은데 이런 뒷받침을 옛날에는 '낙산(樂山)'이라 했으며 주인이 귀인(貴人)의 도움을 받도록 도와준다. 학생은 선생님으로부터 귀여움을 받지 못하고 직장인은 상사의 칭찬과 발탁을 받지 못한다.

이처럼 벽이 있어야 아무런 뒷걱정 없이 안심이 공부를 할 수가 있다. 없으면 널빤지로 임시 막아도 된다.

〈나쁜 예〉

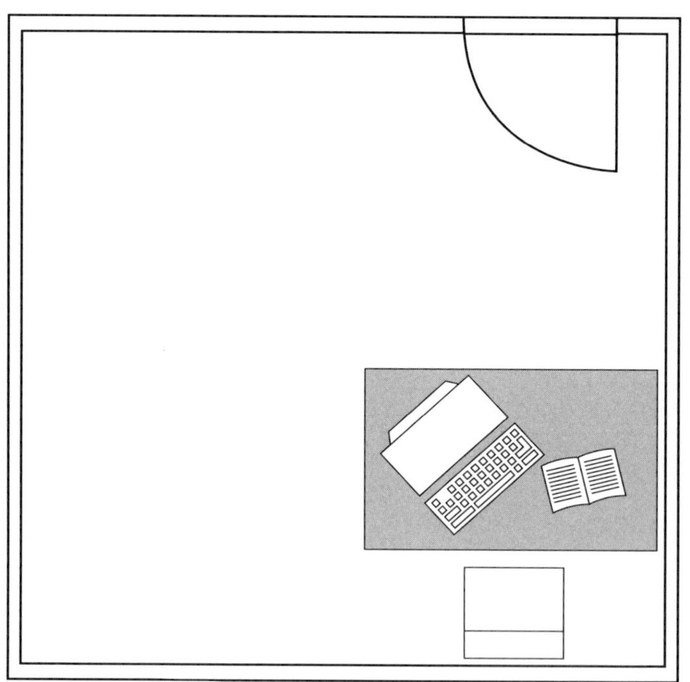

〈좋은 예〉

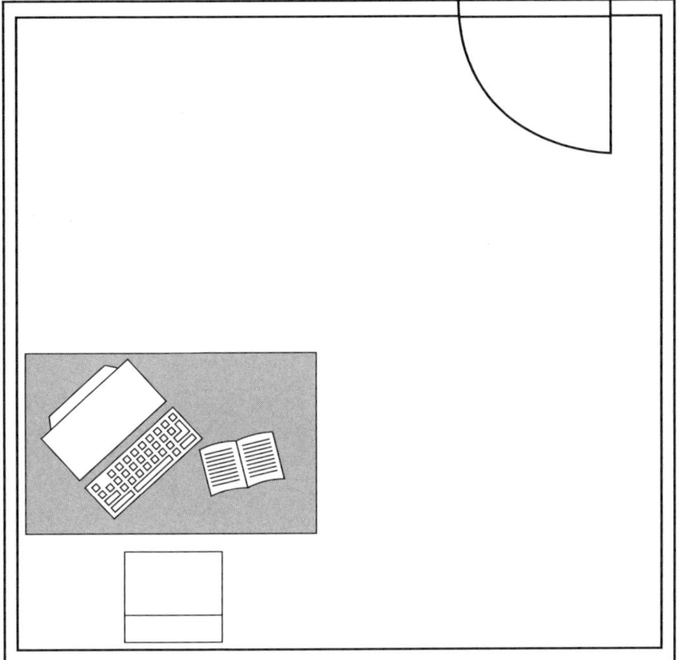

❸ 책상을 서재의 정중앙, 중궁위(中宮位)에 배치하면 나쁘다.

이는 네 면 모두 의지할 데가 없어 고립무원 상태가 되므로 학습이든 사업이든 모두 좋지 않다.

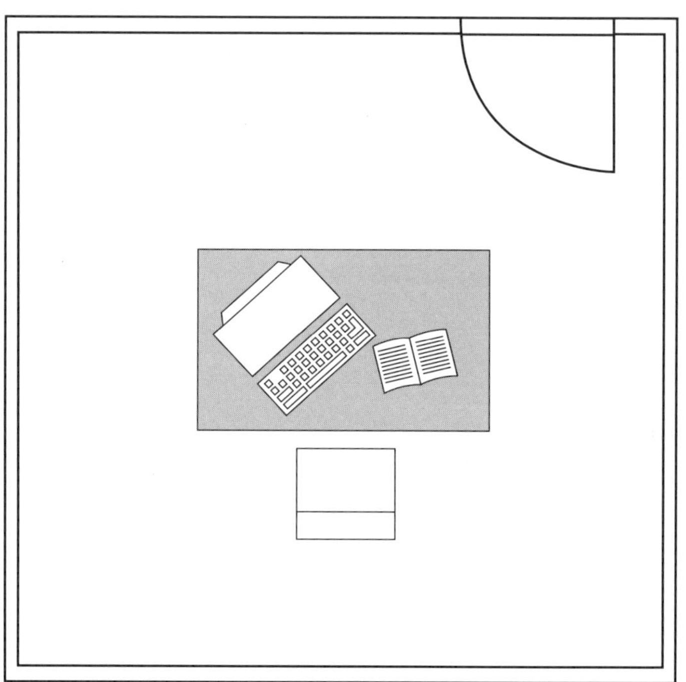

❹ 책상이 창문과 마주하면 안 된다.

텅 빈 하늘을 바라보는 것은 좋지 않다. 창밖의 경치는 정력을 분산시키므로 광선과 공기유통을 저해하지 않는 한 커튼을 치는 것이 좋다.

❺ 책상 위에 대들보가 있으면 불길하다. 정신이 혼란스러워진다.

❻ 책상을 침실에 두지 말아야 한다.

태신(胎神)의 자리를 침범할 위험이 있기 때문이다.

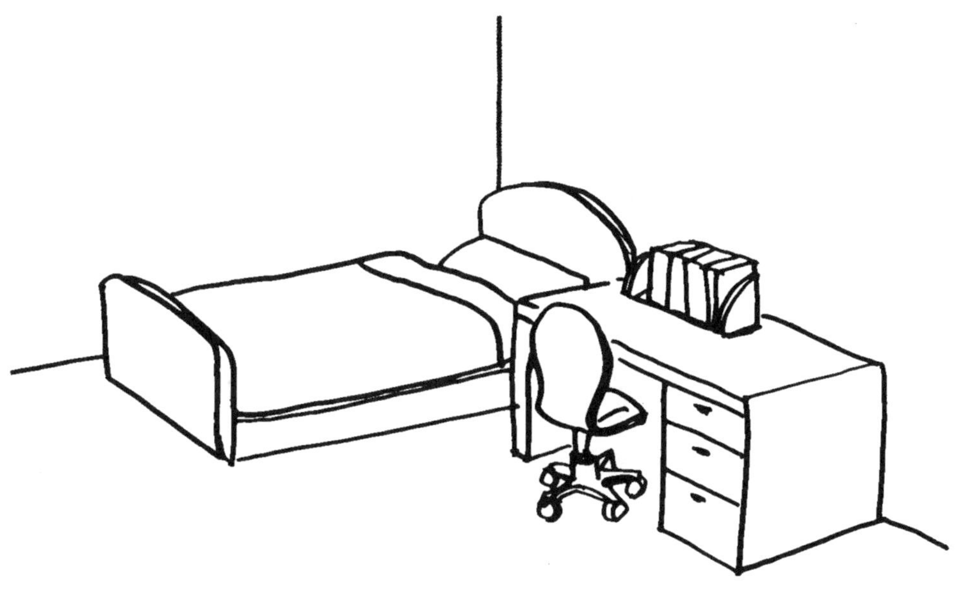

⑦ 책상 위는 항상 깨끗하고 정연해야 한다.

책상이 어지러우면 마음도 어지러워진다.

그림으로 좀더 이해하기 쉽게 살펴보자.

앞에서도 말한 바 있는 책상이 창문을 향하고 자리가 출입문을 등진 점이 금기 중 하나이며, 자리 뒷면이 출입문의 충격을 받는 점이 금기 중의 또다른 하나이다.

위 그림의 잘못들을 풍수에 맞도록 재배치한 것이다.

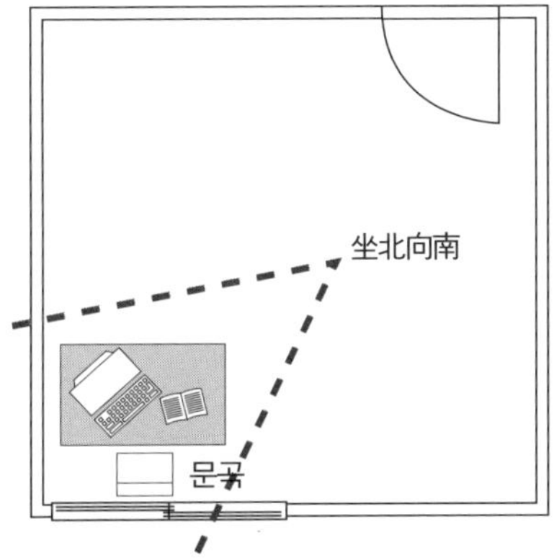

그림 북을 자리한 남향집

북에 자리한 남향집의 문창위는 동북에 있다.

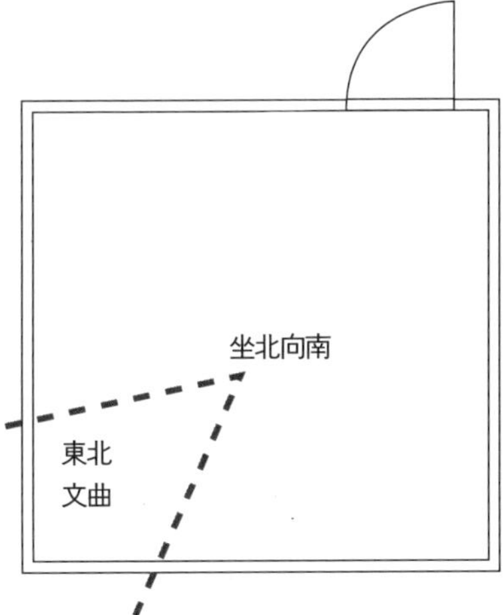

남에 자리한 북향집의 문창위는 남에 있다.

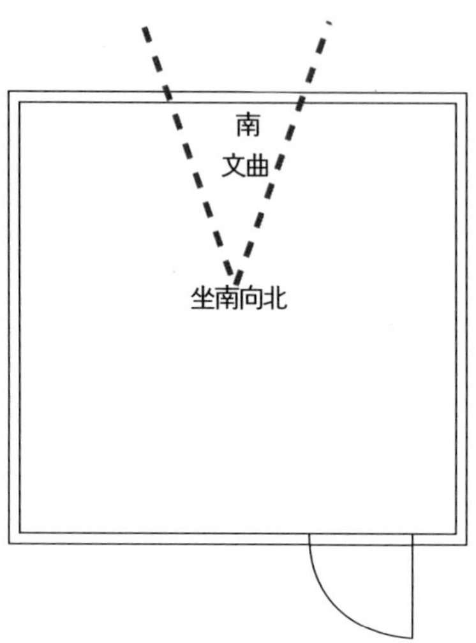

동에 자리한 서향집의 문창위는 서북이다.

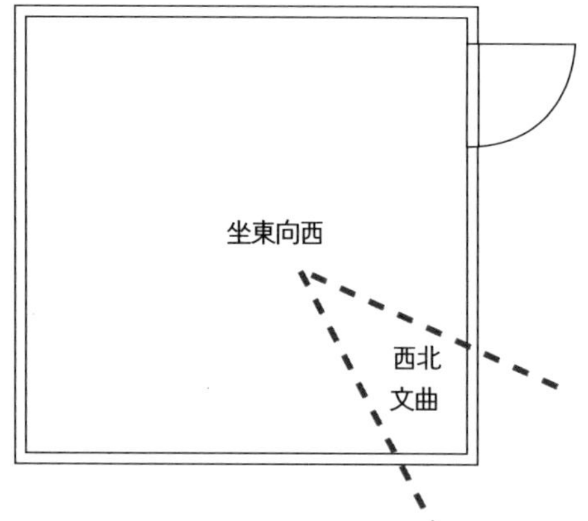

서를 자리한 동향집의 문창위는 서남이다.

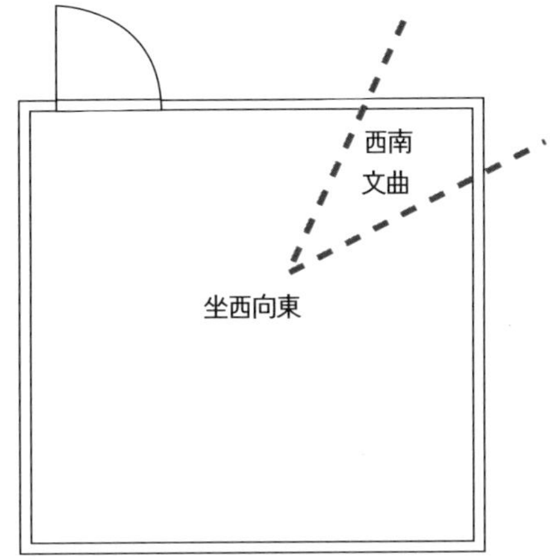

동남을 자리하고 서북을 향한 집의 문창위는 서북이다.

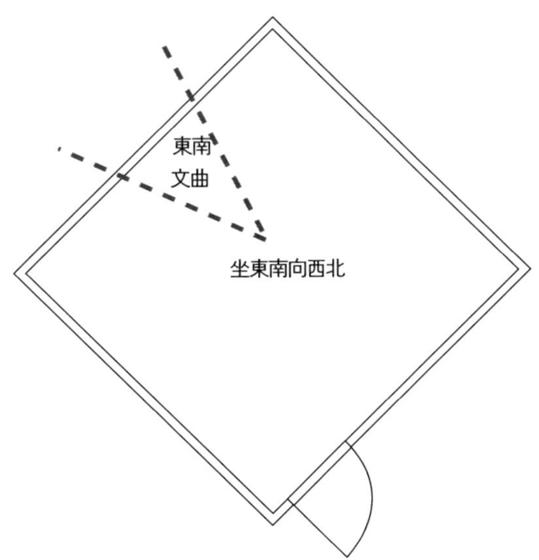

동북에 자리하고 서남을 향한 집이 문창위는 북이다.

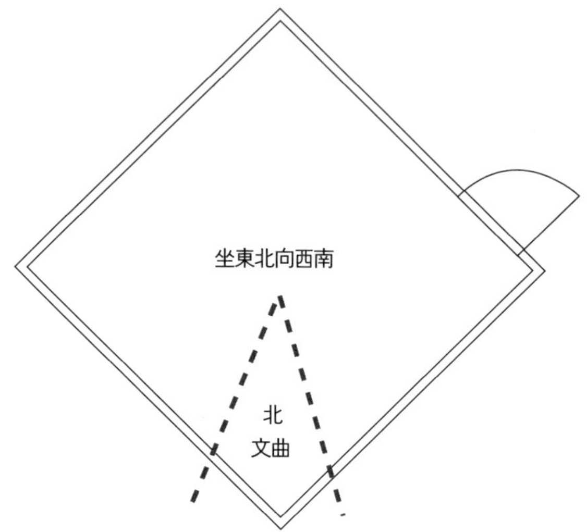

서남을 자리하고 동북을 향한 집의 문창위는 서이다.

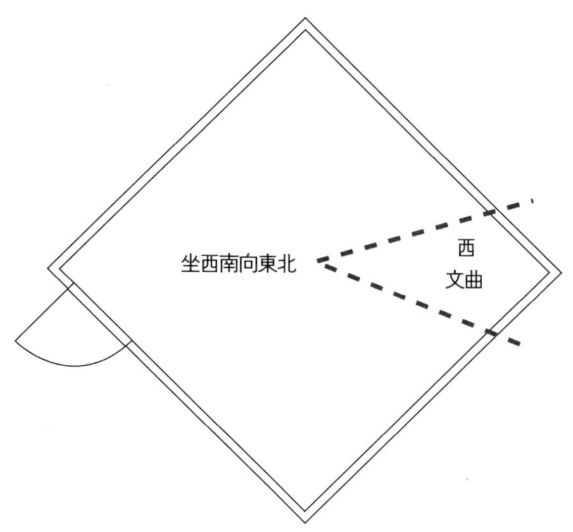

서북을 자리하고 동남을 향한 집의 문창위는 동이다.

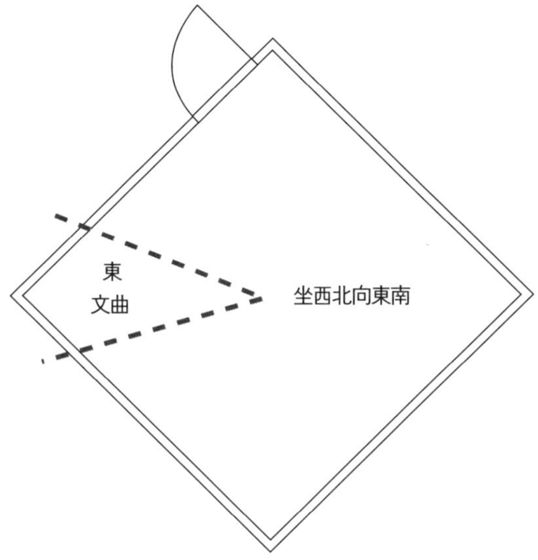

문창위의 응용

❶ 문창위에 서재를 설치할 때에는 마루에 회색이나 남색 담요를 펴면 좋다.

책상 위에는 꽃병에 만년청을 놓아두되 그 숫자는 한 개나 네 개로 하는 것이 가장 좋다.

❷ '택(宅)문창(文昌)' 은 온가족 모두에게 유익하지만 그 영향력이 분산된다는 것이 단점이다.

'본명(本命)문창(文昌)' 은 개인에만 대한다는 국한성이 있지만 효과가 크다는 것이 장점이다.

❸ 짧은 시간 내에 빠른 효과를 보려면 책상을 '유년(流年) 문창(文昌)' 에 배치하면 좋다.

❹ 만약 집 구조상 책상을 문창위에 놓지 못한다면 그 문창위에 붓을 네 자루 걸어두면 된다.

혹은 만년청을 키우거나 문창탑(文昌塔)을 놓아두면 좋다.

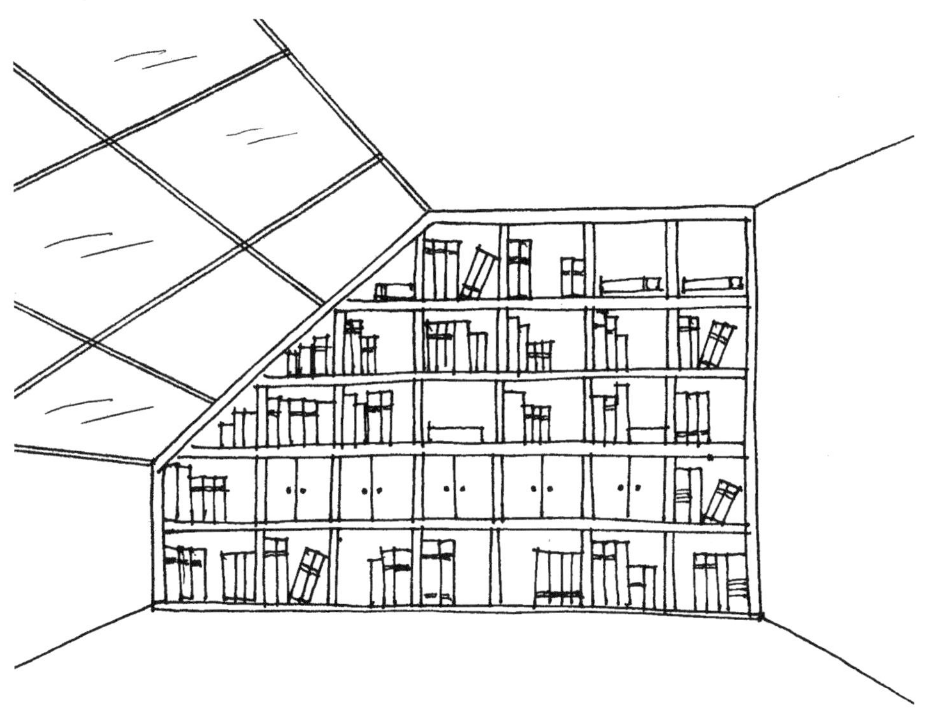

부록

유년자백의 길흉 방위

주택 재위는 하나의 주택을 중심으로 정한 재위이며 그 재위의 쓰임새가 그 가정의 재운에 영향을 미친다. 주택 재위를 선정하는 방법은 여러 가지가 있지만 여기에서는 그중 가장 보편적으로 많이 쓰이며 쉽게 응용할 수 있는 방법을 소개하기로 한다.

유년자백의 길흉 방위

유년 풍수(流年風水), 즉 해마다 보는 풍수에서 구성(九星) 자백(紫白)의 변화는 결정적 역할을 하고 있다. 자백이란 일백성으로부터 구자성까지의 아홉 별을 통틀어 이르는 명칭이다.

풍수학에서는 길흉 운수나 길흉 방위, 길흉 시간, 길흉 숫자, 길흉 색상 등을 판단 결정할 때 구성 자백을 사용하였다.

자백 구성은 아래와 같다.

일백성(一白星), 탐낭성(貪狼星)이라고도 한다.

이흑성(二黑星), 거문성(巨門星)이라고도 한다.

삼벽성(三碧星), 녹존성(祿存星)이라고도 한다.

사록성(四綠星), 문곡성(文曲星)이라고도 한다.

오황성(五黃星), 염정성(廉貞星)이라고도 한다.

육백성(六白星), 무곡성(武曲星)이라고도 한다.
칠적성(七赤星), 파군성(破軍星)이라고도 한다.
팔백성(八白星), 좌보성(左輔星)이라고도 한다.
구자성(九紫星), 우필성(右弼星)이라고도 한다.

옛사람들은 일백(一白), 육백(六白), 팔백(八白), 구자(九紫) 등 사성(四星)을 길성(吉星)이라 하고 이 사성이 어느 방위에 이르든 필연코 길하다고 확신하였다.
그러면 유년의 자백 방위와 길위를 알아보자.

2000 경진(庚辰)년, 2009 기축(己丑)년, 2018 무술(戊戌)년, 2027 정미(丁未)년, 2036 병진(丙辰)년, 2045 을축(乙丑)년, 2054 갑술(甲戌)년, 2063 계미(癸未)년, 2072 임진(壬辰)년, 2081 신축(辛丑)년

이상은 구자성이 입중(入中)할 때의 해이다. 일백 길성은 서북(西北)에, 육백 길성은 서남에, 팔백 길성은 동남에, 구자 길성은 중궁(中宮)에 이른다. 그리하여 이 네 방위는 길한 방위이고, 길위 보강(증강, 활성)까지 한다면 특별한 효과를 얻을 수 있다.

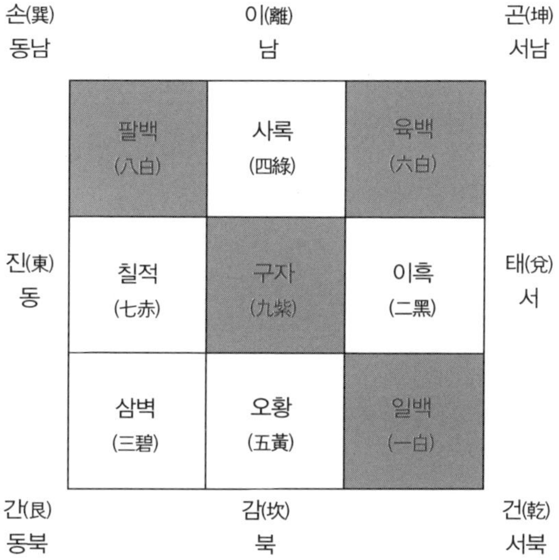

손(巽) 동남		이(離) 남		곤(坤) 서남
	팔백 (八白)	사록 (四綠)	육백 (六白)	
진(東) 동	칠적 (七赤)	구자 (九紫)	이흑 (二黑)	태(兌) 서
	삼벽 (三碧)	오황 (五黃)	일백 (一白)	
간(艮) 동북		감(坎) 북		건(乾) 서북

흑색의 방위가 네 길성(吉星)의 위치이고, 역시 길운의 방위이다.

2001 신사(辛巳)년, 2010 경인(庚寅)년, 2019 기해(己亥)년, 2028 무신(戊申)년, 2037 정사(丁巳)년, 2046 병인(丙寅)년, 2055 을해(乙亥)년, 2064 갑신(甲申)년, 2073 계사(癸巳)년, 2082 임인(壬寅)년

이상은 팔백성이 입중(入中)할 때의 해이다. 일백 길성은 서방(西方)에, 육백 길성은 동방에, 팔백 길성은 중궁에, 구자 길성은 서북에 이른다. 그리하여 이 네 방위는 길한 방위이고, 길위 보강까지 한다면 특별한 효과를 얻을 수 있다.

손(巽) 동남		이(離) 남		곤(坤) 서남
	칠적 (七赤)	삼벽 (三碧)	오황 (五黃)	
진(東) 동	육백 (六白)	팔백 (八白)	일백 (一白)	태(兌) 서
	이흑 (二黑)	사록 (四綠)	구자 (九紫)	
간(艮) 동북		감(坎) 북		건(乾) 서북

흑색의 방위가 네 길성의 위치이고, 역시 길운의 방위이다.

2002 임오(壬午)년, 2011 신묘(辛卯)년, 2020 경자(庚子)년, 2029 기유(己酉)년, 2038 무오(戊午)년, 2047 정묘(丁卯)년, 2056 병자(丙子)년, 2065 을유(乙酉)년, 2074 갑오(甲午)년, 2083 계묘(癸卯)년

이상은 칠적(七赤)성이 입중(入中)할 때의 해이다. 일백 길성은 동북에, 육백 길성은 동남에, 팔백 길성은 서북에, 구자 길성은 서방에 이른다. 그리하여 이 네 방위는 길한 방위이고, 길위 보강까지 한다면 특별한 효과를 얻을 수 있다.

손(巽) 동남		이(離) 남		곤(坤) 서남
	육백 (六白)	이흑 (二黑)	사록 (四綠)	
진(東) 동	오황 (五黃)	칠적 (七赤)	구자 (九紫)	태(兌) 서
	일백 (一白)	삼벽 (三碧)	팔백 (八白)	
간(艮) 동북		감(坎) 북		건(乾) 서북

흑색의 방위가 네 길성의 위치이고, 역시 길운의 방위이다.

2003 계미(癸未)년, 2012 임진(壬辰)년, 2021 신축(辛丑)년, 2030 경술(庚戌)년, 2039 기미(己未)년, 2048 무진(戊辰)년, 2057 정축(丁丑)년, 2066 병술(丙戌)년, 2075 을미(乙未)년, 2084 갑진(甲辰)년

이상은 육백(六白)성이 입중(入中)할 때의 해이다. 일백 길성은 남방에, 육백 길성은 중궁에, 팔백 길성은 서방에, 구자 길성은 동북방에 이른다. 그리하여 이 네 방위는 길한 방위이고, 길위 보강까지 한다면 특별한 효과를 얻을 수 있다.

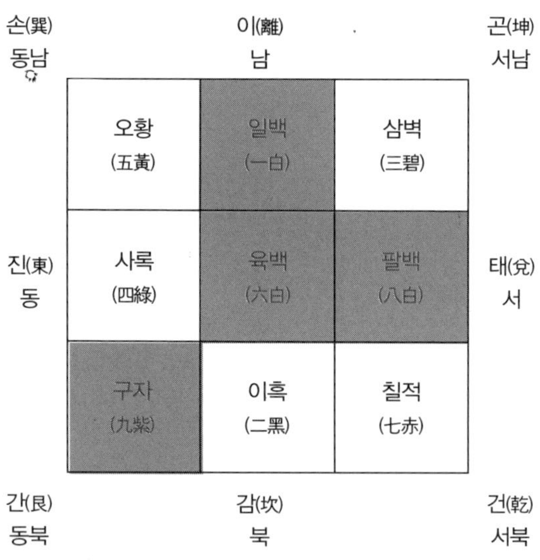

흑색의 방위가 네 길성의 위치이고, 역시 길운의 방위이다.

2004 갑신(甲申)년, 2013 계사(癸巳)년, 2022 임인(壬寅)년, 2031 신해(辛亥)년, 2040 경신(庚申)년, 2049 기사(己巳)년, 2058 무인(戊寅)년, 2067 정해(丁亥)년, 2076 병신(丙申)년, 2085 을사(乙巳)년

이상은 오황(五黃)성이 입중(入中)할 때의 해이다. 일백 길성은 북방에, 육백 길성은 서북에, 팔백 길성은 동북에, 구자 길성은 남방에 이른다. 그리하여 이 네 방위는 길한 방위이고, 길위 보강을 한다면 특별한 효과를 얻을 수 있다.

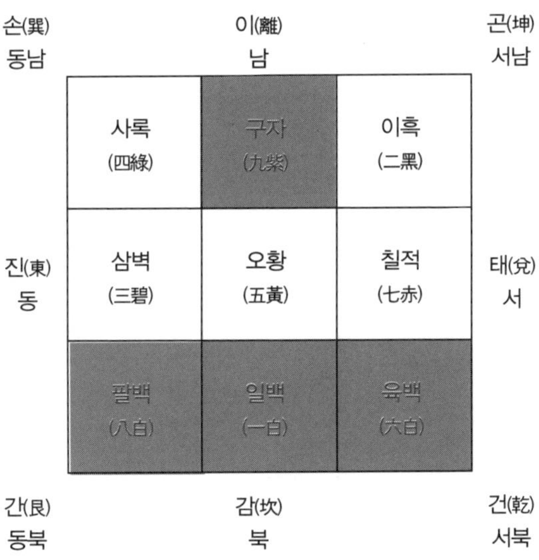

흑색의 방위가 네 길성의 위치이고, 역시 길운의 방위이다.

1996 병자(丙子)년, 2005 을유(乙酉)년, 2014 갑오(甲午)년, 2023 계묘(癸卯)년, 2032 임자(壬子)년, 2041 신유(辛酉)년, 2050 경오(庚午)년, 2059 기묘(己卯)년, 2068 무자(戊子)년, 2077 정유(丁酉)년

이상은 사록(四綠)성이 입중(入中)할 때의 해이다. 일백 길성은 서남에, 육백 길성은 서방에, 팔백 길성은 남방에, 구자 길성은 북방에 이른다. 그리하여 이 네 방위는 길한 방위이고, 길위 보강까지 한다면 특별한 효과를 얻을 수 있다.

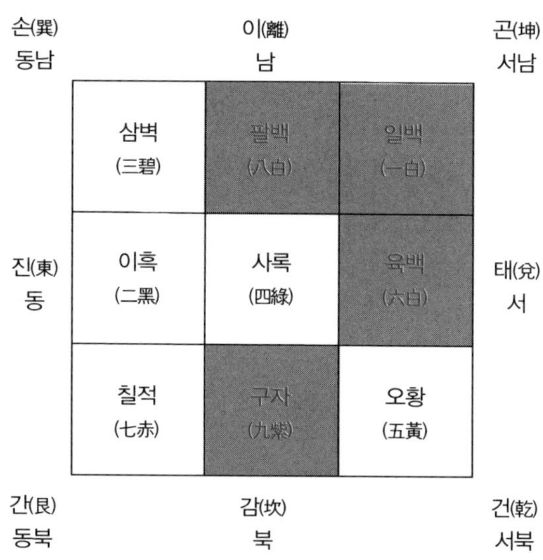

흑색의 방위가 네 길성의 위치이고, 역시 길운의 방위이다.

1997 정축(丁丑)년, 2006 병술(丙戌)년, 2015 을미(乙未)년, 2024 갑진(甲辰)년, 2033 계축(癸丑)년, 2042 임술(壬戌)년, 2051 신미(辛未)년, 2060 경진(庚辰)년, 2069 기축(己丑)년, 2078 무술(戊戌)년

이상은 삼벽(三碧)성이 입중(入中)할 때의 해이다. 일백 길성은 동방에, 육백 길성은 동북에, 팔백 길성은 북방에, 구자 길성은 서남에 이른다. 그리하여 이 네 방위는 길한 방위이고, 길위 보강을 한다면 특별한 효과를 얻을 수 있다.

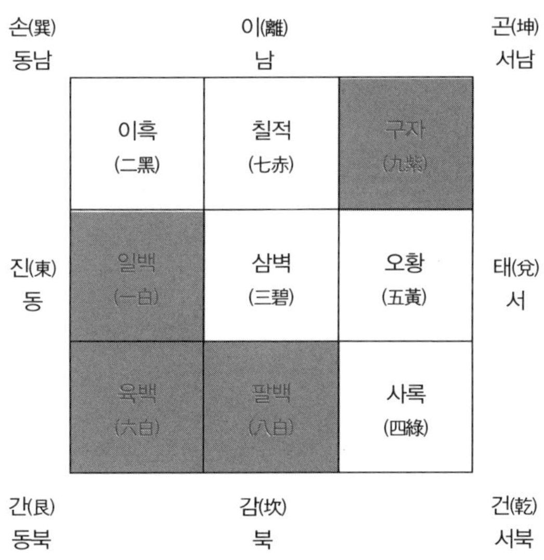

흑색의 방위가 네 길성의 위치이고, 역시 길운의 방위이다.

1998 무인(戊寅)년, 2007 정해(丁亥)년, 2016 병신(丙申)년, 2025 을사(乙巳)년, 2034 갑인(甲寅)년, 2043 계해(癸亥)년, 2052 임신(壬申)년, 2061 신사(辛巳)년, 2070 경인(庚寅)년, 2079 기해(己亥)년

이상은 이흑(二黑)성이 입중(入中)할 때의 해이다. 일백 길성은 동남에, 육백 길성은 남방에, 팔백 길성은 서남에, 구자 길성은 동방에 이른다. 그리하여 이 네 방위는 길한 방위이고, 길위 보강을 한다면 특별한 효과를 얻을 수 있다.

손(巽) 동남		이(離) 남		곤(坤) 서남
	일백 (一白)	육백 (六白)	팔백 (八白)	
진(東) 동	구자 (九紫)	이흑 (二黑)	사록 (四綠)	태(兌) 서
	오황 (五黃)	칠적 (七赤)	삼벽 (三碧)	
간(艮) 동북		감(坎) 북		건(乾) 서북

흑색의 방위가 네 길성의 위치이고, 역시·길운의 방위이다.

1999 기묘(己卯)년, 2008 무자(戊子)년, 2017 정유(丁酉)년, 2026 병오(丙午)년, 2035 을묘(乙卯)년, 2044 갑자(甲子)년, 2053 계유(癸酉)년, 2062 임오(壬午)년, 2071 신묘(辛卯)년, 2080 경자(庚子)년

이상은 일백(一白)성이 입중(入中)할 때의 해이다. 일백 길성은 중궁에, 육백 길성은 북방에, 팔백 길성은 동방에, 구자 길성은 동남에 이른다. 그리하여 이 네 방위는 길한 방위이고, 길위 보강까지 한다면 특별한 효과를 얻을 수 있다.

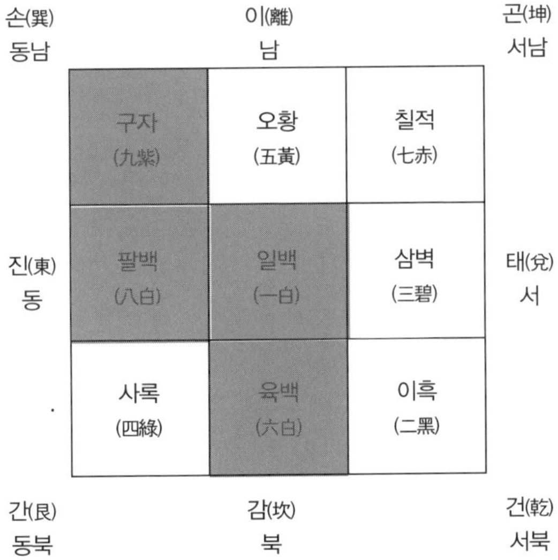

손(巽) 동남	이(離) 남	곤(坤) 서남
구자 (九紫)	오황 (五黃)	칠적 (七赤)
팔백 (八白)	일백 (一白)	삼벽 (三碧)
사록 (四綠)	육백 (六白)	이흑 (二黑)
간(艮) 동북	감(坎) 북	건(乾) 서북

진(東) 동 — 태(兌) 서